Programación de una aplicación web en PHP

Emilio Aguilar Gutiérrez

Contenido

Introducción

La programación de una aplicación Web se enfrenta a muchos retos y dificultades que pueden solventarse de muchas maneras diferentes. Es la experiencia y otros condicionantes externos, los que nos harán optar por una u otra solución.

En este libro, se documenta un método de desarrollo de aplicaciones Web que intenta ser sencillo y eficiente. Si bien, existen muchos otros métodos, que pueden ser mejores o peores, según en qué aspectos y según qué opiniones.

El libro parte de ciertos supuestos que resultan imprescindibles para su correcto aprovechamiento. El conocimiento de:

- El lenguaje de programación PHP. (Puede consultar el Anexo I: Palabras clave de PHP, para refrescarlo).
- El lenguaje HTML.
- El uso de hojas de estilo: CSS.
- El modelo Entidad-Relación de las bases de datos.
- El lenguaje de modelado: UML.
- El lenguaje de programación cliente de páginas Web: Javascript
- El paradigma de programación: MVC.

Entre otros... Si bien los tres últimos son opcionales, aunque necesarios.

El desarrollo de una aplicación Web presenta tres niveles arquitectónicos:

- **Cliente** ligero, es decir, un navegador web para ordenador.
- **Medio** de comunicación, es decir, Internet; mediante HTTP o HTTPS.
- **Servidor**, es decir, el responsable preparar las páginas web en respuesta a las peticiones del cliente. A su vez, se encuentra dividido en más niveles.

Los niveln del Servidor son:

- Servidor Web, que conecta internamente con el servidor de aplicaciones.
- Servidor de Aplicaciones, en este caso, el procesador de PHP. El cual conectará con el servidor de bases de datos mediante librerías de programación, desde el código programado.

- Servidor de Bases de Datos. Es el que da respuestas a las consultas realizadas al almacén de datos.

  o La relación con la base de datos sigue una arquitectura **Cliente-Servidor**, pues el medio es propietario de la base de datos.

- También, el Servidor de Aplicaciones puede relacionarse, por programación, con muchos otros servidores, como el de Email, o el de Autenticación, por ejemplo.

Una aplicación Web consiste en todo el código necesario para conseguir dar respuesta a las necesidades funcionales de los usuarios de la misma. Esto incluye el uso de diferentes lenguajes de programación y el uso de distintos niveles de procesamiento de código. Así, una aplicación Web tiene:

- Una **capa de presentación**, que se visualiza en el navegador Web y que puede contener programas que se ejecutan en el cliente; en lenguaje Javascript u otro, como Java.

- Luego, poseerá un código de programación que se ejecuta en el Servidor de Aplicaciones, en PHP. Y accesos, desde ese código, a otros servicios como las operaciones de Bases de Datos.

En una aplicación Web se combinan:

- Código de presentación, en HTML y CSS.
- Código de formato y de datos, en HTML.
- Código de programación, en PHP y Javascript, principalmente.

Por este motivo, se combinan varios perfiles de desarrolladores. Y, por lógica, resulta conveniente separar al máximo cada capa de lenguajes, y de utilidad final. Dicha separación ha dado lugar a un paradigma de programación denominado: **MVC (Modelo, Vista, Controlador)**:

- La capa de **Modelo** atiende a la estructura de la información, y el modo de generarla y recuperarla. Incluyendo el tratamiento de las Bases de Datos.
- La capa de **Vista** se ocupa de la interfaz visual.
- La capa de **Controlador** realiza las validaciones; los cambios de página y programas; y la conjunción de la Vista con el Modelo de información.

En este libro vamos a establecer las bases para la construcción de una aplicación Web de ejemplo, en base a los siguientes principios:

- Sencillez.
- Facilidad de aprendizaje.
- Ejemplo básico de Modelo-Vista-Controlador.
- Ejemplo de operaciones con bases de datos.
- Interfaz de usuario funcional genérico.
- Cobertura de la operativa habitual en las aplicaciones web.

Así pues, la intención del libro es que, a su finalización, seamos capaces de construir una aplicación Web que sirva para crear nuevas aplicaciones Web diferenciadas.

El proceso general comienza con la definición de la funcionalidad básica, para luego implementarla. Para, después, ir añadiéndole nuevas capacidades y adaptando las que ya tenía para que se integren juntas. De modo que, paso a paso, logremos terminar una aplicación completa.

Herramientas de desarrollo

Para la realización de la aplicación web que se describe en este libro se han utilizado las siguientes herramientas informáticas gratuitas:

- El desarrollo se ha realizado sobre un ordenador con sistema operativo Windows 7, aunque podría haberse realizado en otros sistemas operativos Windows e incluso sobre Linux.
- Servidor Web, servidor de aplicaciones, servidor de bases de datos, servidor de FTP: Se ha empleado el paquete de instalación de aplicaciones XAMPP:
  (http://www.apachefriends.org/es/xampp.html).
  - o **Servidor Web**: Apache Web.
  - o **Servidor PHP**: Módulo de PHP para Apache Web.
  - o **Servidor de Bases de Datos**: MySQL.
  - o **Gestor de Bases de Datos MySQL**: phpmyadmin.
  - o **Servidor de FTP**: Filezilla Server.
- Falso **sendmail**, para el envío de email desde un sistema Windows, de Glob (http://glob.com.au/sendmail/).
- **Entorno de programación Netbeans** para HTML5 & PHP (https://netbeans.org/downloads/).
- Archivos de **ayuda de PHP**: (http://www.php.net/download-docs.php).

- Librerías para PHP, de comunicación entre el servidor de aplicaciones y Netbeans, para la **depuración de código: Xdebug** (http://xdebug.org/). **Nota: Es muy importante que las versiones de Xdebug y PHP sean las correspondientes.**
- Programa de **modelado UML: StarUML.** (http://staruml.sourceforge.net/en/).
- Programa de **edición de páginas Web: BlueGriffon** (http://bluegriffon.org/).
- Programa de **retoque de imágenes: Gimp** (www.gimp.org.es).

La instalación de todos estos programas no se trata en este libro, ni su optimización o configuración. En algunos casos, esta actividad presenta ciertas dificultades que deben superarse. Por lo que se recomienda tener mucha paciencia en las instalaciones, y leer las instrucciones cuidadosamente antes y durante la instalación. Así como no salirse del guion más habitual de la instalación.

Instrucciones para seguir el libro

Este libro se ha escrito pensando en que su lector va a programar el código necesario para cubrir las funcionalidades que se proponen. Por ello, no se presenta todo el código fuente en él, sino solamente las partes más importantes.

El lector debe programar la aplicación Web que se propone empleando las herramientas adecuadas y codificando los archivos indicados a medida que estos se comentan.

Por todo lo anterior, el primer paso debería ser la instalación del software necesario para programar una aplicación Web. Luego ir, archivo a archivo, logrando que todo funcione.

El proceso de aprendizaje requiere un trabajo importante que debe reslizarse con esfuerzo y sacrificio. Pues no siempre se obtendrá éxito a la primera (más bien eso no ocurrirá casi nunca). La voluntad de aprender debe ser capaz de superar todas las dificultades. Y la capacidad de autoaprendizaje, encontrando información adicional y estudiando bien el código será un factor importantísimo para llegar a la realización de la aplicación Web que el libro propone. Y, de allí, a la creación de nuevas aplicaciones Web en PHP.

La propuesta que este libro presenta no es la única solución. Pero la experiencia que proporciona puede permitir un trabajo más eficiente que si se optara por seguir un camino diferente, improvisado. Pues, de esa manera, se repitirían errores por los que este libro pretende que el lector no tenga que pasar.

Definición de una aplicación Web

Tal y como se ha mencionado en la introducción. Una aplicación Web tiene muchas capas distintas de implementación e implica muchos sistemas informáticos y plataformas.

El modo de comenzar un desarrollo informático pasa por la realización de unas tareas comerciales y de investigación previas: ¿Es un desarrollo que no existe en el mercado? ¿Nuestro desarrollo aporta mejoras que los demás productos no aportan? ¿Quiénes son los destinatarios de nuestra aplicación? ¿Deseamos que sea gratuita, comercial, o mixta? ¿Es para particular o de distribución general? Etc.

Una vez que resolvemos las primeras cuestiones, debemos estudiar cuál es el servicio que nuestra aplicación va a ofrecer.

Si resulta que la funcionalidad que queremos implementar corresponden con un área de servicios que no son conocidas por los ingenieros informáticos; entonces, es preciso conseguir asesoramiento externo. A menudo, el interlocutor de éste puede ser el propio destinatario de la aplicación informática que vamos a construir.

Casos de uso de UML

En el caso de que debamos obtener información funcional para construir una aplicación, de una persona que no tiene conocimientos de desarrollo informático; resulta muy complicado el entendimiento. Ya que el punto de vista de su funcionamiento puede ser muy diferente respecto de aquel que tiene quien debe construirla.

Para resolver esas diferencias, se utilizan técnicas de simplificación de los mensajes informativos. Reduciéndolos hasta el nivel de frases descriptivas y relaciones entre ellas. Esto se representa mediante diagramas visuales, que se denominan, en algunos casos, como mapas conceptuales.

La metodología de modelado de software UML presenta muchos tipos de diagramas; uno de los cuales, denominado: **Casos de Uso**, permite realizar un modelo muy semejante a dichos mapas conceptuales. La manera de crear diagramas UML es muy variada, aunque se recomienda la siguiente:

- Identificar los **actores** que van a participar en el sistema informático que construir. Estos pueden ser, por ejemplo:

- o El administrador del sistema.
- o El usuario supervisor o validador de los contenidos.
- o El usuario editor o creador de contenidos.
- o El usuario visitante registrado, con permisos para realizar diferentes acciones en la aplicación.
- o El usuario visitante no registrado, que puede realizar ciertas tareas, más reducidas que las que puede realizar el visitante registrado.
- Preguntar, para cada **actor**: ¿Qué acciones puede realizar en el sistema?
  - o Cada acción comenzará por un **verbo en infinitivo** y le seguirá un perdicado de uso. A cada una de esas frases se denomina un "**caso de uso**".
  - o Es importante tener en cuenta que los "**casos de uso**" no deben tener relación temporal entre ellos. No nos interesa que nos los ordenen en una secuencia de tipo: primero hace esto, luego esto otro, después lo siguiente, etc. Nos interesa saber "qué" hacer, no "cómo", ni "cuándo", ni otras cuestiones que se responderán en otros momentos.
- Para cada caso de uso directo que el "**actor**" puede realizar, preguntaremos: Hacer esta acción… ¿Qué otras acciones implica o permite? De esta manera, obtendremos las subacciones que se pueden realizar, para llevar a cabo o que son precisas, en el caso de uso que estamos definiendo en ese momento.
  - o Los nombres de los nuevos casos de uso, y todos en general, tendrán la misma estructura: verbo en infinitivo y predicado de uso.
- Los casos de uso pueden ser accesibles desde múltiples casos más generales o por los que se necesita pasar previamente. Debemos impedir que se repitan, si son el mismo; o diferenciarlos claramente, si no lo son. Por eso, es importante que sus nombres sean muy claros.
- Los casos de uso pueden tener **dependencias**, de modo que un caso de uso precisa que se hayan cubierto otros casos de uso.
- Un caso de uso puede llevar a un **nuevo diagrama** de casos de uso, en lugar de conducir a otros casos de uso directamente. En ese caso, **el diagrama debería tener exactamente el mismo nombre** que el caso de uso que representa. Y, en él, aparecer dicho caso de uso.

Los diagramas UML pueden generarse utilizando la herramienta gratuita StarUML.

Un ejemplo de diagrama de casos de uso podría ser el de la creación de un usuario por un Administrador, como puede verse en la Ilustración 1.

Este caso de uso se completa con otro diagrama de casos de uso donde se describa la funcionalidad de Acceder a la aplicación, como se puede ver en la Ilustración 2.

Los casos de uso permiten establecer una comunicación entre grupos con distintos niveles de conocimiento en base de la simplificación del lenguaje utilizado.

Posteriormente, se realizarán otras tareas para llegar a concretar, en más detalle, las funciones que debe poder realizar la aplicación a desarrollar. En el primer momento solo se cubre el "**qué**". Faltarán por definir el "cómo" y el "cuándo", entre otros aspectos, para lo que se pueden emplear otros tipos de diagramas UML.

La interfaz de usuario

Una vez que se ha obtenido un esquema inicial para entender la funcionalidad que desarrollar; y que se ha comprendido bien el significado exacto de las funciones que se piden que haga la aplicación; podemos pasar a definir el formato con el que el usuario va a poder acceder a las operaciones que la aplicación va a ofrecerle.

El interfaz de una aplicación Web se describe mediante el lenguaje: HTML, de definición de páginas Web, y el uso de las hojas de estilo en cascada: CSS.

Las aplicaciones Web utilizan fragmentos de código de presentación que se combinan en un marco principal. Cada uno de los fragmentos, se denominan "**vistas**". Y las páginas que las aglutinan son las páginas principales de cada funcionalidad.

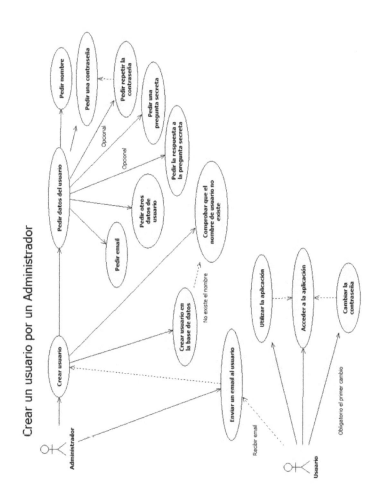

Ilustración 1: Crear un usuario por un Administrador.

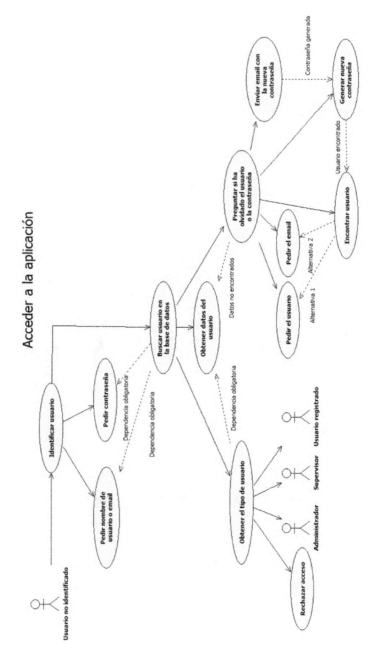

Ilustración 2: Acceder a la aplicación.

En general, una aplicación tiene una estructura común para todas las páginas principales. Y se puede estructurar más aún, de modo que existan vistas que se compongan de otras subvistas.

Una aplicación Web suele tener las siguientes partes de presentación:

- Una sección para la **cabecera de la aplicación** Web. Aparecerán:
  - o La imagen con el logotipo de la aplicación.
  - o A continuación, el nombre de la aplicación.
- Por debajo se sitúa una lista vertical conteniendo las acciones que pueden realizarse en esa aplicación, para ese usuario y en función de su comportamiento previo. Es la sección del **menú izquierdo**.
- Le sigue **la sección de contenidos específicos**, donde se realizan las peticiones detalladas de operaciones y se presentan los resultados.
- Por debajo del menú izquierdo y de la sección de contenidos se sitúa la sección del **pie de la aplicación**.

La configuración presentada no es la única posible, y existen muchas otras. Pero en este libro se seguirá ésta, pues es una de las más habituales.

La forma de construir el interfaz de usuario puede ayudar a entender la funcionalidad. Y es conveniente que sea supervisada y validada, por los expertos en la misma. Esto puede dar lugar a un trabajo adicional pues las diferencias entre los intereses del diseñador de la interfaz de usuario y los de los conocedores de la funcionalidad, podrían conducir a algunos conflictos.

La interfaz de usuario, además, es la parte de una aplicación Web más susceptible de ser modificada, para adaptarse a los gustos de los usuarios o de las nuevas corrientes estéticas. Por otro lado, la llegada de nuevos dispositivos para consultar páginas, hacen que pueda ser necesario que la interfaz se adapte al dispositivo de una manera diferenciada. Lo que puede llevar a que existan distintos interfaces de usuario para la misma aplicación: unos para la pantalla del ordenador; y otros para las pantallas menores, como las de los teléfonos móviles. Surgen, entonces, diferentes formatos: pantalla **normal**, tipo ordenador; pantalla **apaisada**, más ancha que alta; y pantalla **vertical**, más alta que ancha. Para lograr cambiar las configuraciones visuales sin alterar los datos que presentan, se hace uso de distintas **hojas de estilo**. De modo que éstas últimas contienen la información de tamaños, posiciones y otros aspectos visuales; evitando que dicha información se encuentre escrita directamente en las páginas Web.

Una aplicación Web comienza por una página principal. Normalmente se denomina "**index**", aunque puede tener otro nombre. En ella se sitúa el primer marco de control de la presentación visual de la información.

Una página de código HTML presenta dos secciones principales: cabecera y cuerpo.

- La **cabecera** contiene el **título de la página**, que se utiliza para informar al usuario del navegador Web del historial de páginas visitadas. También allí, se incluye **el icono de la aplicación**, que aparece en las lengüetas que abre el navegador Web. Otros elementos de la cabecera son:
  - o La información sobre el **juego de caracteres** empleado en la página Web. Este puede ser **ISO 8859-1** (Latin-1) o **UTF-8** en las páginas en Español. Pero pueden ser muchos otros.
  - o Las **referencias a las hojas de estilo CSS** que utilizar.
  - o Las **referencias a los programas Javascript** que cargar.
- En el **cuerpo** se presentan todos los elementos que se visualizan en el navegador Web y otros que permanecen ocultos. En general, la estructura de una página Web se describe mediante bloques (con la etiqueta **<div>**), tablas (con la etiqueta **<table>**) o formularios (con la etiqueta **<form>** e **<input>**) entre otras.

Para construir un ejemplo de página index, primero generamos un prototipo de la misma. Y, luego, la adaptamos para que se componga de vistas, y esté controlada por el código de programación PHP.

El prototipo

Utilizando Bluegriffon podemos crear una estructura básica, un código formado por una cabecera y un cuerpo conteniendo el código HTML:

```
<!DOCTYPE html>
<html>
<head>
<meta content="text/html; charset=iso-8859-1" http-
  equiv="content-type">
<meta content="Emilio Aguilar Gutiérrez" name="author">
```

```
<meta content="Página Web principal de la aplicación de
  ejemplo del libro &quot;Programación de una aplicación
  Web&quot;." name="description">
<meta content="Programación, Web, PHP" name="keywords">
<title>Ejemplo de aplicación Web</title>
</head>
```

En la cabecera, hemos empleado las etiquetas **\<meta\>** y **\<title\>**.

```
<body>
<div>
    <div>
        <div>
            <div>Logotipo</div>
            <div>Título</div>
        </div>
    </div>
    <div>
        <div>Menú izquierdo</div>
        <div>Cuerpo</div>
    </div>
</div>
<div>Pie de página</div>
</body>
</html>
```

En el cuerpo, se han empleado etiquetas **\<div\>** y texto para identificar cada una de las secciones de la página Web.

Este código se ha escrito directamente, sin emplear la interfaz gráfica de la aplicación Bluegriffon.

A continuación, se modifica el código incluyendo la primera aproximación visual, dándole formato y colores a las etiquetas.

Utilizaremos hojas de estilo CSS para realizarlo y modificaremos el código HTML de la página para incluir información de los estilos que utilizar.

Existen tres formas de dar estilo visual a una etiqueta:

*   Darle formato a todas las **etiquetas** que tienen un nombre determinado. Por ejemplo, la etiqueta **\<a\>**, que define anclas de hiperenlaces, puede definir su aspecto para que no tenga la decoración de texto por defecto, es decir, subrayado. O, por ejemplo, para definir las características del texto del cuerpo de la página Web:

```
a {
```

```
  text-decoration: none;
}
body {
  font-family: Garamond, "Times New Roman";
}
```

- Asignarle un **identificador** único, que no puede tener ningún otro elemento en esa página. Al definirlas, comienzan por **#**. Por ejemplo, para el marco de página, los estilos serían únicos.

```
#tabla_principal {
  display: table;
}

#cabecera_principal {
  display: table-row;
}

#logotipo_principal {
  display: table-cell;
}

#titulo_principal {
  display: table-cell;
}

#cuerpo_principal {
  display: table-row;
}

#menu_izquierdo {
  display: table-cell;
}

#contenido {
  display: table-cell;
}

#pie_principal {
  display: table-row;
}
```

- Utilizar una **clase** para dar estilo a un elemento, pero que se puede utilizar para otros elementos dentro de la misma página. Al definirlas, comienzan por punto ".". Por ejemplo, para centrar el texto dentro de un elemento.

```
.centrar {
```

```
text-align: center;
}
```

En el código de la página Web solo se indican los atributos **"id"** o **"clase"** para indicar el formato que queremos darles. En el caso de **"clase"** podemos poner varias clases, separadas por espacios en blanco y teniendo en cuenta que se aplican los estilos de izquierda a derecha.

El código final del cuerpo de la página sería:

```
<body>
<div id="tabla_principal">
    <div class="centrar" id="cabecera_principal">
        <div id="logotipo_principal">Logotipo</div>
        <div id="titulo_principal">T&iacute;tulo</div>
    </div>
    <div id="cuerpo_principal">
        <div id="menu_izquierdo">Men&uacute; izquierdo</div>
        <div id="contenido">Cuerpo</div>
    </div>
</div>
<div id="pie_principal">Pie de p&aacute;gina</div>
</body>
```

Puede observarse que el formato está indicado con **"class"** e **"id"** dentro de las etiquetas correspondientes. También pueden verse que los acentos, y otros caracteres especiales, se han convertido en **códigos de caracteres HTML**. Por ejemplo "á" es **á** y el espacio en blanco es ** **

En la **cabecera** se ha incluido una línea adicional que hace referencia al archivo de estilos CSS. El cual hemos denominado "ejemplo.css":

```
<Link href="ejemplo.css" rel="stylesheet" type="text/css">
```

Ahora, simplemente modificando la hoja de estilo CSS, podemos cambiarlos añadiéndoles gran cantidad de opciones.

Hay que tener en cuenta que las dimensiones se pueden dar en unidades y en porcentajes. Y que las unidades admitidas son muy distintas: **"px"** para pixeles, **"mm"** para milímetros, **"em"** para dar un valor decimal proporcional al tamaño de una letra, etc. Para el tamaño de letra se usa **"em"**, o **"pt"** para puntos, entre otras; pero es preferible **"em"** (usando punto decimal).

Tras modificar los estilos CSS, la página podría visualizarse tal y como se ve en la Ilustración 3.

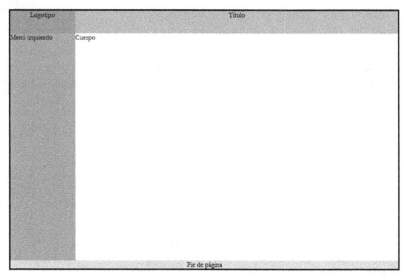

Ilustración 3: Página principal. Aspecto inicial.

El logotipo

El logotipo de una aplicación es su señal de identidad, su marca. Por tanto, es lo que los usuarios conocerán antes, incluso, de llegar a utilizarla.

Su aspecto sugiere un atractivo o una personalidad, respecto al equipo que ha trabajado en ella.

Los colores de un logotipo, además, deben seguir presentes en la aplicación, por coherencia o por continuidad estética.

Para definir un logotipo se recurre a diseñadores gráficos con talento artístico y creativo. Pero, para el ejemplo que estamos presentando, no es preciso un trabajo demasiado exigente; a pesar de lo importante que es.

Para crear el logotipo utilizaremos la aplicación Gimp y emplearemos manchas difusas, biseladas, sobre las que aparecerá el texto PAWP, que es el acrónimo de: Programación de una Aplicación Web en PHP. Su tamaño será de 150 x 50 pixeles.

El logotipo propuesto es suficiente para el ejemplo que estamos empleando, tal y como se muestra en la Ilustración 4.

Ilustración 4: Logotipo de PAWP

Una vez que tenemos el logotipo, lo utilizamos también como icono de las lengüetas del navegador Web. Para ello es preciso guardar la imagen con formato de icono: "ico"; con un tamaño pequeño, de menos de 64x64 pixeles. Y le llamamos "**favicon.ico**". Además, añadimos una línea a la cabecera de la página:

```
<link rel="icon" href="favicon.ico" type="image/x-icon">
```

El menú izquierdo

El menú izquierdo se puede construir como una lista no numerada de HTML, con la etiqueta:**<ul>**. Los expertos deben determinar las operaciones que aparecerán en él; en función del tipo del usuario y de su comportamiento con de la aplicación.

Según los casos de uso documentados, la lista de operaciones sería:

- Acceso de usuarios. Para que se puedan identificar.
- Cambiar los datos de usuario. Si es un usuario registrado.
- Cambiar contraseña. Si es un usuario registrado.
- Crear usuario. Hay que ser un usuario registrado de tipo "administrador".
- Salir usuario. El usuario registrado pasa a ser un usuario no registrado.

Además de las opciones normales de la funcionalidad, existen otras que suelen ser habituales en los sitios Web:

- Inicio: Lleva a la página principal.
- Conózcanos. Da acceso a una página donde se describen las características de la aplicación.
- Contacto. Permite acceder a una página donde se encuentra la información de contacto o de soporte.

Se crean dos nuevas clases en la **hoja de estilo CSS**, una para llamada ".lista" y otra ".lista_linea" que se utilizarán en los elementos **<ul>** y **<li>** respectivamente.

```
<ul class="lista">
  <li class="lista_linea">Inicio</li>
  <li class="lista_linea">Acceso de usuario</li>
  <li class="lista_linea">Cambiar datos de usuario</li>
  <li class="lista_linea">Cambiar contrase&ntilde;a</li>
  <li class="lista_linea">Crear usuario</li>
  <li class="lista_linea">Salir usuario</li>
  <li class="lista_linea">Conózcanos</li>
  <li class="lista_linea">Contácto</li>
</ul>
```

Los estilos definen que la lista no tiene indicador de línea de lista, establece unos márgenes alrededor, y pone el tipo de letra en negrita:

```
.lista {
  list-style-type: none;
  margin-top: 10px;
  margin-right: 5px;
  margin-bottom: 10px;
  margin-left: 5px;
}

.lista_linea {
  padding-top: 0px;
  padding-right: 0px;
  padding-bottom: 5px;
  padding-left: 0px;
  font-weight: bold;
}
```

La hoja de estilo de la visualización vertical

Una vez que tenemos una presentación adecuada para la **pantalla** del ordenador, podemos definir un archivo de estilo para la visualización en pantallas más altas que anchas, es decir, la **visualización vertical**. Y para las pantallas más anchas que altas, la **visualización apaisada**; aunque estas últimas pueden emplear la misma que se usa para las pantallas de ordenador.

Para la pantallas más altas que anchas, creamos una nueva hoja de estilo, que denominamos "*ejemplo_vertical.css*", a partir de la hoja de estilo para la presentación normal: "*ejemplo.css*". Modificando los estilos para las etiquetas **<div>**, donde las propiedades **"display"** y **"width"**, estaban puestas a "**table**" y "**100%**", respectivamente. Así, para la nueva hoja de estilo, se modifican algunos tamaños fijos y, también, se modifica la propiedad "**display**" para que sea "**inline**" y se disponga horizontalmente. De esa manera se consigue la verticalidad de la disposición de esos elementos. Tal y como se ve en la Ilustración 5.

Ilustración 5: Página inicial con una hoja de estilo para la presentación vertical.

El cuerpo de la aplicación

La zona donde se captan los datos de los usuarios y donde se presentan los resultados de sus consultas es el cuerpo de la aplicación. Allí es donde se sitúan las vistas de cada funcionalidad.

La zona del cuerpo tiene algunas secciones que suelen estar presentes:

- **Navegación**: Consiste en una línea donde se van presentando las secciones anidadas a las que el usuario va accediendo, por ejemplo: Inicio > Función > Subfunción
- **Mensajes de error o de confirmación**. En esta sección se informa al usuario del resultado de su acción o de los posibles errores en los datos de un formulario. Estos mensajes suelen destacarse especialmente, normalmente con color rojo.

El pie de página

Contiene información de los autores de la página y otra información que siempre debe estar accesible y que no tiene relación directa con la funcionalidad, como una descripción corta de la aplicación o el copyright. Así, se pueden incluir, también, en el pie de página enlaces a "conózcanos" y a "contáctenos". Esta sección tiene una disposición horizontal, por lo que, para construir sus opciones se usan las etiquetas **<ul>** y **<li>**, como una lista horizontal, mediante el uso de estilos CSS con la propiedad "**display**" a "**inline**".

El cambio de hoja de estilo

Determinar qué hoja de estilo utilizar, puede hacerse, automáticamente, utilizando código de programación cliente en Javascript. Para ello se escribe un pequeño programa que irá en la cabecera del código de la página. Un ejemplo del código que cambia el archivo de la hoja de estilo al cargarse, sería:

```
<script>
  if (window.innerWidth < 800) {
    if (window.innerWidth < window.innerHeight * 3/4) {
      document.write ('<link href="ejemplo_vertical.css"
rel="stylesheet" type="text/css">');
    } else {
      document.write ('<link href="ejemplo.css"
rel="stylesheet" type="text/css">');
    }
  } else {
    document.write ('<link href="ejemplo.css"
rel="stylesheet" type="text/css">');
  }
</script>
```

La aprobación del prototipo

El prototipo se codifica en lenguaje HTML normalmente y solo contempla el aspecto visual. Puede tener varias páginas para cubrir diferentes funcionalidades. Y se genera en colaboración con los expertos en las características de la aplicación a desarrollar.

La interfaz de usuario debe probarse en varios navegadores Web: Chrome, Firefox, Internet Explorer, Safari u Opera, por ejemplo.

La página PHP

Dividir la página Web en vistas

Una vez que tenemos el aspecto visual definido, vamos a comenzar a trabajar, modificando el archivo "**index**", para que el código PHP pueda realizar los comportamientos propios de cada funcionalidad.

La página deberá tener la extensión "**.php**", ya que contendrá código de dicho lenguaje de programación.

El primer paso consistirá en preparar la página de inicio para que incluya las vistas de las secciones en las que hemos dividido la página:

* Cabecera.
* Margen izquierdo.
* Contenido.
* Pie.

Por tanto, la página Web pasará a tener el aspecto siguiente (donde se le ha incluido código PHP usando el comienzo de etiqueta: **<?php** y el fin de etiqueta: **?>**):

```
<?php
$ruta = __DIR__;
?>
<!DOCTYPE html>
<html>
<head>
<meta content="text/html; charset=iso-8859-1" http-
equiv="content-type">
    <title>Ejemplo de aplicaci&oacute;n Web</title>
<meta content="Emilio Aguilar Guti&eacute;rrez"
name="author">
<meta content="P&aacute;gina Web principal de la
aplicaci&oacute;n de ejemplo del libro
&quot;Programaci&oacute;n de una aplicaci&oacute;n
Web&quot;." name="description">
<meta content="Programaci&oacute;n, Web, PHP"
name="keywords">
<link rel="icon" href="favicon.ico" type="image/x-icon">
<script>
  if (window.innerWidth < 800) {
    if (window.innerWidth < window.innerHeight * 3/4) {
      document.write ('<link href="ejemplo_vertical.css"
rel="stylesheet" type="text/css">');
```

```
    } else {
      document.write ('<link href="ejemplo.css"
rel="stylesheet" type="text/css">');
    }
  } else {
    document.write ('<link href="ejemplo.css"
rel="stylesheet" type="text/css">');
  }
</script>
</head>
<body>
<div id="tabla_principal">
  <?php
  include_once $ruta . DIRECTORY_SEPARATOR .
"cabecera_vis.php";
  ?>
  <div id="cuerpo_principal">
    <?php
    include_once $ruta . DIRECTORY_SEPARATOR .
"margen_izquierdo_vis.php";
    include_once $ruta . DIRECTORY_SEPARATOR .
"inicio_vis.php";
    ?>
  </div>
</div>
<?php
include_once $ruta . DIRECTORY_SEPARATOR . "pie_vis.php";
?>
</body>
</html>
```

El código PHP lo vamos a desarrollar utilizando el entorno de programación Netbeans. Y creamos un proyecto PHP para ello, estableciendo la codificación ISO-8859-1 para el texto del editor.

Los archivos de **Vista** tienen la terminación "_vis". Y deben incluirse dentro de marcos, para que completen la página Web con ellos.

Cada vista tendrá su código HTML dentro de un **<div>** y, previamente, se incluirá un código PHP para evitar que se utilicen directamente. Pues deben ser, siempre, utilizadas con **"include_once"** (o con **"include"** si deseamos que se genere un error al tratar de incluir más de una vez dicho archivo).

Para evitar problemas con la localización de los archivos que incluir, pondremos la ruta completa; especialmente en aquellos que estén en un directorio superior del que estamos (hay que usar ".."). Esto lo realizamos a partir de la ruta del propio archivo, que obtendremos en la variable ruta: $ruta = __DIR__;. Concatenándolos con el separador de directorios (que es un carácter distinto en Window y en Unix), de la siguiente manera:

```
include_once $ruta . DIRECTORY_SEPARATOR .
"constantes_mod.php";
```

Para evitar que se solicite, desde el navegador, el archivo PHP de una vista, incluimos un código que evita que se ejecuten las Vistas, si son llamadas directamente. Dicho código es el siguiente:

```php
<?php
if (basename (__FILE__) == basename ($_SERVER
  ["SCRIPT_FILENAME"])) {
    die; // No se puede llamar directamente
}
?>
```

Por tanto, creamos los archivos:

cabecera_vis.php, *margen_izquierdo_vis.php*, *inicio_vis.php* y *pie_vis.php*. Además del marco principal: *index.php*.

Una vez dividida la aplicación en los cinco archivos, llega el momento de comenzar a programar los comportamientos iniciales de la página.

Iniciando la programación

La aplicación, en su conjunto, tendrá gran cantidad de archivos, por lo que es importante tenerlo todo bien organizado. Normalmente, tendremos una carpeta para las imágenes, otra para los vídeos, otra para los documentos PDF, etc. Además, agruparemos las funcionalidades en sus propias carpetas, si es posible.

Pero existen ciertos datos que son comunes a todas las páginas con código PHP. Esos datos se centralizan en archivos disponibles en la raíz del sitio Web.

Para las constantes de la aplicación creamos un archivo denominado: *constantes_mod.php*, con la terminación "**_mod**" que se corresponde al modelo de datos de la configuración de la aplicación. En este archivo pondremos la dirección Web de la aplicación, en una constante definida así:

```php
define ('URL_BASE', "http://localhost/pawp/");
```

Esa cadena de caracteres cambiará en función del dominio DNS que haga referencia a ella y de la carpeta donde se instale.

```php
define ('URL_RUTA_BASE', "D:/apache web/pawp/");
```

Es la constante donde se incluye, en formato de URL, la ruta del sistema de archivos del servidor donde se encuentran alojadas los archivos de la aplicación Web.

Otra constante que necesitaremos será para el caso de que necesitemos utilizar el protocolo HTTPS, es decir, con encriptación en el envío y recepción de datos. Por norma general, todo formulario con datos privados de un usuario debería enviarse con codificación segura SSL empleando el protocolo HTTPS. Por eso, definimos una constante que pueda tomar ese valor cuando sea posible, o el valor HTTP en caso contrario.

```php
define ('PROTOCOLO', "https:");
```

Además de las constantes, también existen datos variables que pueden necesitarse en toda la aplicación. Para ello, creamos un nuevo archivo, con el nombre: *globales_mod.php*, donde guardaremos los datos de inicio de las variables globales para cada usuario.

En PHP las variables globales para cada usuario, se guardan en un array denominado **$_SESSION** y cuyos índices son cadenas de texto. Este array se crea cuando el usuario inicia una sesión, lo que se realiza con la llamada a la función **sesion_start ()**.

El archivo *globales_mod.php* solo necesita leerse la primera vez, desde el archivo *index.php*. Por ese motivo, es necesario evitar que se ejecute las siguientes veces; por lo que se genera un código especial para evitar esa circunstancia.

Solo se inician las variables globales si no existe la variable **$_SESSION**, esto se comprueba con la función PHP: **isset** (<variable>), que devuelve **verdad**, si existe esa variable, y **falso**, si no existe.

Nota: En PHP las variables comienzan por $.

El modo de iniciar las variables globales será por medio de una función PHP, que denominamos **globales_iniciar ()**:

```php
<?php
function globales_iniciar ()
{
    if (session_id() == "") {
```

```php
        session_start ();
    }
    if (! isset ($_SESSION ["acceso"])) {
        $_SESSION ["acceso"] = array ();
        $_SESSION ["acceso"] ["id_usuario"] = "";
        $_SESSION ["acceso"] ["tipo"] = "";
    }
}
?>
```

Como norma general, en este libro: **Las funciones PHP comienzan por el nombre del archivo donde están definidas, sin el modificador MVC final (_mod, _vis, _con o _con_pag). Luego le sigue un verbo en infinitivo, seguido del predicado de la función.**

En *index.php* incluyo los archivos de constantes y de globales y realiza el **inicio de sesión** y la llamada a **globales_iniciar** al principio del archivo. El código sería:

```php
$ruta = __DIR__;
include_once $ruta . DIRECTORY_SEPARATOR .
  "constantes_mod.php";
include_once $ruta . DIRECTORY_SEPARATOR .
  "globales_mod.php";
if (session_id() == "") {
    session_start ();
    globales_iniciar ();
}
```

Una vez que tenemos la información del usuario en el array de variables globales podemos modificar el archivo: *margen_izquierdo_vis.php* para que presente el menú en función del usuario que visita la aplicación. Su código queda de la siguiente manera:

```php
<?php
if (basename(__FILE__) == basename( $_SERVER
  ["SCRIPT_FILENAME"])) {
    die; // No se puede llamar directamente
}
?>
<div id="menu_izquierdo">
    <ul class="lista">
        <li class="lista_linea">Inicio</li>
        <li class="lista_linea">Acceso de usuario</li>
        <?php
        if ($_SESSION ["acceso"]["tipo"] != "") {
        ?>
```

```
      <li class="lista_linea">Cambiar datos de
      usuario</li>
      <li class="lista_linea">Cambiar
      contrase&ntilde;a</li>
      <li class="lista_linea">Crear usuario</li>
      <li class="lista_linea">Salir usuario</li>
   <?php
   }
   ?>
   <li class="lista_linea">Con&oacute;zcanos</li>
   <li class="lista_linea">Cont&aacute;ctenos</li>
   </ul>
</div>
```

Cuando insertamos código PHP dentro de código HTML abrimos una etiqueta **<?php** en una línea única. Y el cierre **?>** también debe ir en una línea única. Sin embargo, existe una excepción cuando el único contenido de la etiqueta sea: "**<?php echo** <dato que escribir>**; ?>**" o una llamada a una función: "**<?php** <función>**; ?>**". En ese caso va todo seguido.

El cambio de página

Una vez que tenemos el menú configurado, en función de que el usuario esté registrado o no (ya que por defecto no lo está), nos queda escribir la forma de llamar a la página donde se trata su funcionalidad.

Existen varias formas de cambiar de página, mediante:

- Un hiperenlace. Se escribe una etiqueta **<a>** de HTML con el atributo "**href**" conteniendo la URL de destino. Más adelante se describe su estructura.
  - o Se puede utilizar un parámetro para identificar la vista que cargar en una página. Por ejemplo, el parámetro: **id**.
- El envío de un formulario HTML a la dirección indicada por el atributo "**action**" de la etiqueta **<form>**. Se puede pasar un dato oculto para indicar la vista que cargar. Por ejemplo, el dato: **id**.
- Mediante la redirección de la llamada a la página, indicándolo en la cabecera de respuesta de una petición Web. Esto se realiza programando en PHP, empleando la función **header** y poniendo en el parámetro una cadena con "**Location:**" seguida de la URL de redirección.
  - o Es importante destacar que **header** solo funciona bien si no se ha enviado ningún carácter de respuesta hacia el

cliente. Es una función que escribe en la cabecera de la respuesta HTTP. La cual va antes que el envío de los datos de la misma.

También es posible modificar una página que funciona como un marco que incluye vistas. Así, cambiar una vista dentro de dicha página puede simular un cambio de página completo:

- Para realizar la inclusión en PHP de la vista que se desea se puede utilizar una variable temporal, o una variable global.

En el caso del menú izquierdo, emplearemos el método mediante hiperenlaces. En los que se van a incluir parámetros que serán procesador por PHP.

El formato básico de una URL

Una URL tiene gran cantidad de partes, y la mayoría son opcionales. A continuación se presenta un resumen del formato de una URL.

En la Ilustración 6 y en la Ilustración 7 podemos ver un diagrama UML de actividad que describe el formato de una URL, es decir, una cadena de texto que permite localizar un recurso de Internet. Incluyendo desplazamientos dentro de una página Web y el paso de datos para una consulta (query string).

Utilizando URLs

Si deseamos reutilizar el archivo *index.html* tenemos que implementar un cambio de vistas, dentro del marco principal. Basándonos en los datos que recibamos desde la petición Web. La cual solicitará la página principal con una Vista en particular.

Para ello creamos una nueva variable global: **$_SESSION ["id"]**. Y una variable receptora de los datos que envía el usuario. Esta variable se denominará **$vista**. Y recibirá el dato correspondiente con el nombre "id", que se pase en una petición Web. Tanto como formando parte de una URL, como si es un campo oculto de un formulario HTML.

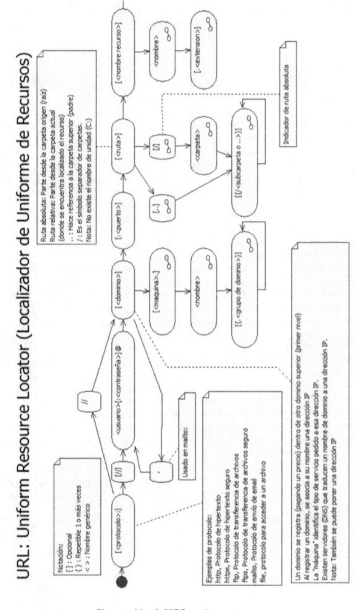

Ilustración 6: URL, primera parte.

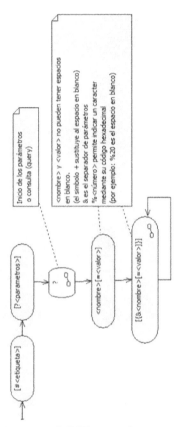

Ilustración 7: URL, segunda parte.

El código que hay que añadir a *index.php* es el siguiente:

```php
$vista = "inicio_vis.php";
$controlador_pagina = "inicio_con_pag.php";
if (isset($_REQUEST["id"])) {
    if ($_REQUEST["id"] != "") {
        $vista = URL_RUTA_BASE . $_REQUEST["id"] .
        "_vis.php";
        $controlador_pagina = URL_RUTA_BASE . $_REQUEST["id"]
        . "_con_pag.php";
    }
    $_SESSION["id"] = $_REQUEST["id"];
} else if (isset($_SESSION["id"]) && $_SESSION["id"] != "") {
    $vista = URL_RUTA_BASE . $_SESSION ["id"] . "_vis.php";
    $controlador_pagina = URL_RUTA_BASE . $_SESSION ["id"] .
    "_con_pag.php";
```

```
} else {
    $_SESSION["id"] = "";
}
$archivo = realpath ($vista); // Asegurarse que existe.
if ($archivo === false) {
    $vista = "inicio_vis.php";
    $controlador_pagina = "inicio_con_pag.php";
    $_SESSION["id"] = "inicio";
}
if ($controlador_pagina != "") {
    $archivo = realpath ($controlador_pagina);
    if ($archivo !== false) {
        include_once $controlador_pagina;
    }
}
```

También hay que modificar el anterior **include_once** de *"inicio_vis.php"* para que contenga: **include_once $vista;**. De esa manera, podemos cambiar la vista, simplemente, utilizando el parámetro: "**id**" de cada petición Web de página.

Si no hay parámetro: "**id**", se tomará el último que hubo, pues éste se ha guardado en la variable global: **$_SESSION["id"]**.

Si lo que quisiéramos fuera cambiar de vista, sin usar una petición Web de página, tendríamos que cambiar tanto: "**id**" como: **$_SESSION["id"]**, pues tenemos que sustituir el "id" anterior para evitar que regresáramos a él.

Ahora solo resta modificar la vista *margen_izquierdo_vis.php* para que tenga hiperenlaces con el parámetro "**id**". Para que identifique la vista que cargar en el *index.php*.

Con esto, tenemos que todos los hiperenlaces del menú izquierdo apuntarán a *"index.php"* y el parámetro "**id**" decidirá la vista que presentar cada vez.

Un ejemplo del cambio de cada línea del menú, sería el de acceder a la vista que utilizar para poner el usuario y la contraseña:

```
<li class="lista_linea"><a href =
"index.php?id=acceder/acceso">Acceso de usuario</a></li>
```

Se ha indicado que la vista *"acceso"* se encuentra dentro de la carpeta *"acceder"*. Eso permite tener organizadas las funcionalidades de la aplicación. Dicha carpeta va a contener los archivos correspondientes con toda la operativa de los usuarios.

NOTA: Una URL tiene unas normas sobre la codificación de los datos para las consultas. No se pueden poner espacios en blanco; en su lugar se pone el carácter '+' y no todos los caracteres son válidos; en su lugar se pone su código hexadecimal precedido por el carácter %. Existe una función **PHP** que convierte el texto en el formato de una URL, es "urlencode". Esta función debe usarse siempre que tengamos dudas acerca de si el formato de la URL es el adecuado.

Queda por explicar la utilidad de la variable `$controlador_pagina`, que se encarga de hacer **la inclusión de un archivo especial**. Este archivo no se corresponde con un cambio de vista, sino que contiene el código que debe ejecutarse antes de escribir ningún dato de la página que se va a presentar al usuario.

Con el código especial de esos archivos, cuyo nombre está terminado en "**_con_pag.php**", podemos cambiar el aspecto de una página por completo. Además, podemos modificar detalles que afectan a cualquiera de las Vistas que se cargarán en esa página. Por ejemplo, modificar el menú izquierdo.

Los archivos controladores de página utilizarán las funciones que se han definido en el archivo Controlador: "**_con.php**". De esta manera, todas las funciones están en el mismo archivo y el código del controlador de página puede ser más independiente.

El archivo por defecto puede estar vacío, pero en nuestro ejemplo se llamará "*inicio_con_pag.php*"

El cuerpo de la página index.php

Una vez que hemos definido cómo se puede cambiar de página por varios métodos, configuramos los enlaces del menú del margen izquierdo de la página. También tenemos definida la cabecera; y deberemos configurar los enlaces del pie de página a: Conózcanos y Contáctenos.

Ahora resta determinar cuál es el contenido principal; que estará conformado como una vista. Dicho contenido nos lo indicarán los expertos en la funcionalidad de la aplicación y, en este caso, será la vista encargada de capturar el usuario y la contraseña.

La vista *inicio_vis.php* puede contener algo tan simple como:

```php
<?php
```

```
if (basename (__FILE__) == basename ($_SERVER
 ["SCRIPT_FILENAME"])) {
   die; // No se puede llamar directamente
}
$ruta = __DIR__;
include_once $ruta . DIRECTORY_SEPARATOR . "acceder" .
 DIRECTORY_SEPARATOR . "acceso_vis.php";
?>
```

La vista *acceso_vis.php* incluirá un formulario.

El controlador de página *inicio_con_pag.php* puede contener, por tanto, el código del controlador de página de la funcionalidad de acceso: *acceso_con_pag.php*. Es decir:

```
<?php
$ruta = __DIR__;
include_once $ruta . DIRECTORY_SEPARATOR . "acceder" .
 DIRECTORY_SEPARATOR . "acceso_con_pag.php";
?>
```

La estructura de una vista

Antes de explicar los formularios, es importante definir la estructura de una vista, la cual se compone de:

- **Protección de la Vista**, para evitar que sea llamada directamente y controlar quién puede acceder a ella.

- La **sección de include_once**, donde se ponen los archivos PHP que vamos a utilizar. Allí se pondrá el archivo que contiene las funciones del Controlador de esa página. Y también el archivo *constantes_mod.php*, si es necesario.

- La **sección de declaración de las variables de datos** a usar en la parte de código HTML.

- La **sección de Control**. En esta sección solo se incluyen llamadas a las funciones, ya que, según el principio MVC, el código del Controlador debe separarse del código de la Vista, en lo posible.

- La **sección de asignación de los resultados** del Controlador a las variables de datos a usar en la parte de código HTML, preparándolas para que tengan el formato de presentación adecuado, utilizando las funciones PHP: **htmlentities**, **htmlspecialchars** o **urlencode**, entre otras.

- Luego le sigue la **sección de cambio de Vista**. En ella se hace el **include_once** que corresponda, en función de la decisión que el Controlador retorne.
- Dentro de la sección de cambio de Vista, se incluye la **sección de código HTML y PHP de la Vista**.
  - o Dicho código tiene una **sección para emitir mensajes de error, o de otro tipo**.
  - o Dentro de esta sección es posible que se llamen a funciones del Controlador que mezclan, en su código, partes que corresponde a la Vista. Son **funciones híbridas**.
  - o También en esta sección aparecen las variables de datos declaradas en anteriormente o la llamada a algunas funciones de conversión de formatos.

El resumen del formato de una vista seria:

```
<Protección de la Vista ante la llamada>
<include_once (especialmente, el archivo del Controlador)>
<Declaración de variables de datos>
<Llamadas a funciones del Controlador de la Vista>
<Asignación de los resultados a las variables de datos>
<Zona de cambio de Vista>
<Código HTML de la página>
    <Escritura de las variables de datos y las funciones de
    conversiones de datos>
    <Funciones mixtas Controlador-Vista>
    <Mensajes de error o de otro tipo>
```

Convenciones de nomenclatura de las variables y funciones

El código de la página, tanto de la Vista, como del Controlador y el Modelo siguen una serie de convenciones que son recomendables:

- Todas las variables **comienzan con el nombre del archivo** (sin el **_vis, _con, _con_pag** o **_mod**). Hay excepciones, como con $ret y con $vista, pero deben ser las menos posibles.
- Todas las variables se escriben a **minúsculas**, con **palabras completas** (salvo excepciones), separando las palabras con "**_**", siempre terminando en **singular** y **no se usan caracteres especiales**, como las vocales acentuadas, la ñ o la ç.

- Todas las funciones **comienzan con el nombre del archivo** (sin el _vis, _con, _con_pag o _mod), luego les sigue un **verbo en infinitivo** y después el predicado que describe su objetivo. Siguiendo las mismas convenciones que para las variables.
- Todas las funciones (salvo excepciones) **retornan un valor booleano**: *verdad* si terminan correctamente, *falso* si se produjo algún error o el resultado es incorrecto.
- Cuando una función retorna *falso*, el resto de la función que la llamó deja de ejecutarse y se llega hasta el fin de función donde se retorna el valor *falso*. Este es el **principio de intolerancia a los errores**, pero existen otros criterios posibles.
  - o Esta norma puede tener excepciones, según resulten convenientes.
- Todas las funciones tienen un **parámetro de salida donde entregan un mensaje de error**, si es que se produce alguno.
- Las funciones pueden acceder a los datos globales de **$_SESSION** o **$_REQUEST** en cualquier momento.
  - o Esto es una complicación, pues hace que las funciones sean menos reutilizables... Una función que no haga uso de globales es preferible que una que sí lo haga.

Nota: $_REQUEST es un array global que contiene los datos enviados desde un formulario o desde la query_string (parámetros) de una URL. Es equivalente a la unión de $_POST, $_GET y $COOKIE.

El código de una vista

Para evitar que una vista sea llamada directamente, y no desde la página que la incluye, se pone el siguiente código.

```
if (basename(__FILE__) == basename( $_SERVER
  ["SCRIPT_FILENAME"])) {
    die; // No se puede llamar directamente
}
```

Luego se indican los `include_once`, y uno de ellos será el correspondiente al Controlador de esa Vista.

```
include_once $ruta . DIRECTORY_SEPARATOR . "acceso_con.php";
```

Después, la declaración de las variables que utilizar, donde se encuentran tres variables especiales:

```
$acceso_error = ""; // Contiene los posibles mensajes de
```

```
                        // error o de otro tipo.
$ret = true; // Recibirá el resultado de las funciones.
$vista = ""; // La vista destino, si no es la actual.
```

También se declara el array que almacena los datos que usar en esa vista. **NOTA: Una variable que va a contener un array se declara asignándola la función PHP: array ().**

```
$acceso_array = array (); // Resultados
```

A continuación llamamos a la función Controladora. Puede ser solo una, que es lo ideal, o pueden ser varias llamadas distintas.

```
$ret = acceso_controlador ($acceso_array, $acceso_error);
```

La siguiente sección realiza la asignación de los resultados a las variables de datos preparándolas para usarlas en la parte de código HTML.

Es importante indicar qué funciones PHP utilizar para preparar los datos, y cuándo usarlas:

- Si el dato se va a emplear en una URL, debería prepararse el dato con la función **urlencode**.
- Si el dato se va a emplear en la página Web, y está escrito en código ISO-8859-1, se puede convertir a caracteres especiales de HTML con la función **htmlspecialchars** o **htmlentities**.
- Si quiere traducir de código UTF-8 a ISO-8859-1 se usa la función **utf8_decode**, y **utf8_encode** hace el proceso contrario.

Un ejemplo sería: preparar el nombre del usuario por si tuviera acentos en su nombre, o eñes:

```
$accion ["nombre"] = htmlspecialchars ($accion ["nombre"]);
$acceso_error = htmlspecialchars ($acceso_error);
```

Nota: los array crean y acceden, a sus índices, situando la cadena de texto con el nombre del índice, entre corchetes: [ ].

La siguiente sección gestiona la redirección de la página. Para ello utiliza la variable $vista.

```
if ($vista == "") {
    <Código HTML de la Vista>
} else {
    include_once $vista;
}
```

Esta sección requiere de la variable $vista y de la variable global $_SESSION ["id"] conteniendo, ambas, la información de la Vista.

Puede utilizarse otra opción:

```
if ($vista == "") {
    <Código HTML de la Vista>
} else {
    $_SESSION ["id"] = $vista;
    include_once $vista . "_vis.php";
}
```

Esta sección independiza al programador de manejar la variable $_SESSION ["id"], pero el cambio de vista tiene más código. También se podría incluir, antes del "if", la comprobación de que la vista existe.

```
$archivo = realpath ($vista); // Asegurarse que existe.
if ($archivo === false) {
    $vista = "";
}
```

Dentro del código HTML de la Vista tendremos el siguiente fragmento:

```
<?php
if ($acceso_error != "") {
?>
    <etiquetas HTML><?php echo $acceso_error; ?><etiquetas
    HTML>
<?php
}
?>
```

Nota: La estructura de una vista puede extrapolarse para aplicarse a una página Web completa (mediante el archivo controlador de página: "_con_pag"). Si es que en ella se va a producir un cambio que afecta al marco general. Es decir, que se modifican, o bien la cabecera, o bien el margen izquierdo, o el pie, además del cuerpo donde se situaría la vista. Otro método de cambiar a otra página, en lugar de a otra vista, es mediante la función "header" antes de haber escrito nada en la respuesta.

Los formularios

La manera de obtener datos de los usuarios y enviarlos al servidor es mediante el uso de formularios. Estos permiten capturar datos de diferentes maneras: escribiéndolos, seleccionándolos de una lista, marcando casillas, marcando círculos dentro de un grupo de círculos, eligiendo archivos, o de otras maneras.

Los formularios se envían al pulsar un botón de tipo "**submit**" (entrega) y los datos llegan a la URL que se especifica en el atributo "**action**" de la etiqueta **<form>**.

El modelo de programación que seguiremos realiza el envío de los datos, siempre, a la misma página que los ha presentado. El motivo de esto, es que debemos comprobar los datos antes de cambiar de Vista. Por este motivo, si hubiera errores en los datos, volvemos a presentar la misma página y presentamos un mensaje de error informando de ello. En caso de que validemos los datos, podemos cambiar de vista.

Por cuestiones de seguridad, todo formulario que envíe datos personales del usuario, o que deban ser protegidos frente a su espionaje; ha de ser enviado empleando el protocolo seguro HTTPS. Sin embargo, este protocolo exige la instalación de certificados digitales que pueden no estar instalados durante la fase de desarrollo del programa. Para resolver ese problema se utiliza la constante PROTOCOLO, que puede cambiarse de HTTP a HTTPS una sola vez, afectando a toda la aplicación.

NOTA: Por norma, las constantes se escriben a mayúsculas, para identificarlas fácilmente (y no tienen el símbolo $ delante).

Otro aspecto, a tener en cuenta, es que, en caso de no validarse un formulario, deberemos mostrar todos los datos que se escribieron cuando se envió. Sin embargo, la página del formulario se programó para que estuviera vacía, por lo que hay que poner código adicional para que tenga los datos que fueron completados. De modo que hay que definir variables de datos para cada elemento del formulario.

El código HTML de un formulario utiliza la etiqueta **<form>**, por ejemplo:

```
<form class="formulario" target="_self" method="POST"
  action="<?php echo PROTOCOLO.$_SERVER ['PHP_SELF']; ?>"
  name="acceso">
    <Contenido del formulario>
</form>
```

NOTA: PHP permite dos tipos de cadenas de caracteres. La limitada por comillas dobles (") permite el uso de caracteres de escape (\) y de variables en su interior. La limitada por comillas simples (') no (excepto \').

El atributo **action** recibe, como valor, una cadena de texto entrecomillada que se forma con: PROTOCOLO ("https:"), y concatenada (con el operador PHP punto "."). con la variable global $_SERVER ['PHP_SHELF'], que contiene el nombre del archivo que ha sido solicitado por el cliente.

En el caso de la vista para *acceso_vis.php* incluiremos dos elementos **<input>** de formulario:

```
<div class="bloque_formulario">
    <label><div class="etiqueta">Usuario: </div><input
    autocomplete="on" maxlength="50" size="15"
    required="required" name="acceso_usuario" type="text"
    value="<?php echo $acceso_usuario; ?>">
    </label>
    <br>
    <label><div class="etiqueta">Contrase&ntilde;a:
    </div><input autocomplete="on" maxlength="10" size="10"
    required="required" name="acceso_clave" type="password"
    value="<?php echo $acceso_clave; ?>">
    </label>
    <br>
</div>
<div class="enviar">
    <input value="Enviar" name="acceso_enviar" type="submit">
    <br>
    <a href="index.php?id=reenviar_clave">No recuerdo la
    contraseña</a>
</div>
```

Se utiliza la etiqueta **<label>** para etiquetar el elemento de entrada de datos **<input>** y se utiliza PHP para darle valor inicial, mediante el atributo "**value**". Los **<input>** de tipo "**checkbox**" y "**radio**" reciben se marca mediante la presencia del atributo "**checked**" o su ausencia, y el atributo "**value**" contiene el valor que se envía si está marcado. Las listas desplegables usan la etiqueta **<select>** y contienen, anidadas en ellas, una etiqueta **<option>** por cada opción. En ella, la presencia del atributo "**selected**" indica si es la selección por defecto, y su ausencia que no lo es, el atributo "**value**" contiene el valor que devuelve si es seleccionada.

El atributo "**name**" identifica el dato cuando se recibe, y se recupera con la variable global $_REQUEST ["<name>"] y debe seguir el mismo formato que las variables de programación (minúsculas, palabras completas, acabar en singular, uso de "_", no usar ni acentos ni ñ o ç…)

Para cada opción de un formulario, es conveniente que exista una variable que contenga el valor adecuado para mostrar el formulario, tal y como fue completado por el usuario, antes de enviarlo.

En la sección de: Declaración de variables de datos, se preparan las variables que recogen los datos enviados en el formulario. Debemos asegurarnos de que existen, pues la primera vez no lo hacen. Eso lo logramos con la función PHP: **isset**.

```
$acceso_usuario = "";
if (isset ($_REQUEST ["acceso_usuario"])) {
    $acceso_usuario = $_REQUEST ["acceso_usuario"];
}
$acceso_clave = "";
if (isset ($_REQUEST ["acceso_clave"])) {
    $acceso_clave = $_REQUEST ["acceso_clave"];
}
```

La validación del formulario

Cuando se envía el formulario, éste se dirige a la misma dirección Web de la página que se lo presentó al usuario. En el servidor se debe diferenciar que es un formulario que tiene datos, frente a cuando no los tiene. Y comprobar que los datos tienen el formato correcto y cumplen con las condiciones definidas.

Las validaciones se realizan dentro de la sección del Controlador, por lo que debemos crear el archivo *acceso_con.php* e incluirlo en el archivo *acceso_vis.php*. En él escribiremos las funciones de control, redirección y comunicación con el modelo.

La función principal tendrá el verbo "**controlador**", para destacar su utilidad. Los parámetros son libres, pues existen varias formas de configurarlos. Pero se recomienda que el último sea el parámetro de salida: **& $error**, que devolverá un mensaje de error si la función retorna "**falso**".

Nota: Los parámetros de entrada-salida o de solo salida, se declaran con el símbolo & delante.

El parámetro **$acceso_array** es una forma de obtener múltiples resultados en un parámetro de tio array. Permite que la función modifique sus datos de entrada y salida sin que cambie su firma. Pero este método no siempre es el más adecuado.

De las variables locales, crearemos una siempre, denominada **$ret = true**; para guardar el retorno de la función. Pues solo pondremos un **return** al final de la misma. El motivo de esto, es para facilitar su mantenimiento posterior.

```php
function acceso_controlador (& $acceso_array, & $error)
{
    $ret = true;
    if (isset ($_REQUEST ["acceso_enviar"])) {
        $ret = acceso_validar ($error);
        if ($ret) {
            $ret = acceso_comprobar_usuario ($error);
        }
    }
    return $ret;
}

function acceso_validar (& $error)
{
    $ret = true;
    $error = "";
    $usuario = $_REQUEST ["acceso_usuario"];
    $clave = $_REQUEST ["acceso_clave"];
    if ($usuario == "") {
        $ret = false;
        $error_array ["es"] = "No se ha introducido el nombre
         del usuario. ";
        $error .= $error_array [$_SESSION["idioma"]];
    }
    if ($clave == "") {
        $ret = false;
        $error_array ["es"] = "No se ha introducido la clave
         de acceso. ";
        $error .= $error_array [$_SESSION["idioma"]];
    }
    return $ret;
}

function acceso_comprobar_usuario (& $error)
{
    $ret = true;
    $error = "";
    // Pendiente de completar.
    return $ret;
}
```

Los datos entre páginas y los datos globales

Cuando tenemos que enviar datos entre páginas, tenemos tres formas de hacerlo:

- Enviando los datos en un formulario, empleando las etiquetas HTML: **<form>**, **<input>** y **<select><option>**, entre otras. Y usando las funciones PHP **htmlentities** o **htmlspecialchars** para evitar los caracteres especiales que puedan causar problemas.

- Pasándolos en una URL. Se sitúan detrás de "**?**" en la sección de "parámetros de consulta" ("query_string"), y se separan con "**&**". Se emplea la función PHP **urlencode** para adecuar el formato correctamente. Al recibirse los parámetros se decodifican, por lo que no es necesario usar **urldecode** (que es la opuesta a **urlencode**).

- Guardando los datos en el array global de PHP: $_SESSION.

En el caso de usar variables globales, nos enfrentamos a unas dificultades adicionales:

- **Si no tenemos cuidado, no sabremos: ni donde se crean las variables globales, ni quien es su propietario y responsable.**
  - o Para resolver este problema, **las variables globales se agruparán por el nombre de la funcionalidad que las crea.** Así, el formato será:

  `$_SESSION ["<funcionalidad>"] ["<nombre de la variable>"]`

  - o Por ejemplo:

  `$_SESSION ["usuarios_listar"] ["es_permiso"]`

- Cuando creamos una variable global, es accesible en toda la aplicación. Esto genera un problema, ya que podemos perder el control de su uso. Para ello utilizamos un archivo: *globales_mod.php*, que nos da información de cuáles son las variables globales pensadas para su uso en toda la aplicación. El resto, deben entenderse que son para usos puntuales. Y debemos evitar su uso, si no somos sus creadores y propietarios.

- Las variables globales se destruyen con la función PHP: **unset**. Destruirlas libera memoria y reduce su posible mal uso. Sin embargo, hacerlo es tiene algunos peligros porque:

- o Si el usuario da página atrás, en el navegador Web, ya no existen las variables que antes existían; y el resultado será distinto del que tuvo antes.
- o Si llego a una página o vista, que utiliza esa variable global, y ya no existe, se generará un error. Esto se puede prevenir usando la función PHP: **isset**, que nos devuelve **true** si la variable existe, y **false** si no. Sin embargo, aun así, el error de funcionamiento puede producirse.

- Si no sabemos cuándo destruir una variable global, nuestro diseño arquitectónico de la aplicación deja una incertidumbre que nos debería hacer pensar si, de verdad, estamos siguiendo una buena metodología arquitectónica.
  - o **Quien construye la variable global debería ser quien la destruya.** Sin embargo, muchas veces esto no ocurre así.
  - o Otra opción es que la destrucción de las variables globales la realice el servidor de aplicaciones PHP. El cual lo hará cuando finalice la sesión de ese usuario (sesión iniciada con la función PHP: **session_start**). Es una solución que hace que el sistema tenga variables innecesarias, sin destruir.
- El mejor diseño sería el que usa **parámetros URL o de Formularios,** para señalar cuándo crear una variable global.
  - o Si el diseño se estudia con suficiente atención, es posible utilizar **esos mismos parámetros** (o la ausencia de ellos (comprobándolo con **isset**)) para destruir las variables globales que señalaban que se construyeran.

Los cambios de idioma

Los mensajes que recibe el usuario desde el código PHP deben estar preparados para el cambio de idioma. Una de las formas de hacerlo es escribiendo, en el propio código de programación, todas las traducciones de los mensajes.

Existen otras alternativas, como la de crear una base de datos de mensajes, por idioma; o no utilizar mensajes de texto, sino que poner solo un número de error y luego buscar el número del mismo en una tabla de mensajes; entre otras. Pero la que se propone tiene la ventaja de que los mensajes están presentes en el código para que el programador los pueda revisar.

Debemos crear una nueva variable global: **$_SESSION ["idioma"] = "es"**; Donde "es" es el código ISO 639-1 del idioma español. Y dicha variable la incluimos en el archivo *globales_mod.php*.

Los mensajes de error tendrán, todos, la misma estructura:

```
$ret = false;
$error_array ["es"] = "<mensaje>. ";
$error = $error_array [$_SESSION ["idioma"]];
```

Si queremos concatenar los mensajes de error para crear una lista de ellos; utilizaremos ".=" en lugar de "=".

Como norma general, los mensajes de error terminan con punto ".". Y, detrás, dejamos un espacio en blanco para facilitar la concatenación de mensajes.

Respecto a los mensajes de texto codificados en el código HTML, su traducción puede seguir otras vías, distintas de la de los mensajes del código PHP. La ides es evitar el uso de PHP en la parte de la Vista, en la mayor medida posible.

En general, la solución pasa por separar el código HTML en archivos distintos, por idioma. Así, se crea una carpeta por idioma. En el caso del español, se crea la carpeta *es* y en ella se sitúan las vistas traducidas, que tendrán la terminación "_<país>".

En la página Web se sitúa código PHP semejante al que se presenta a continuación:

```
include once $ruta . DIRECTORY_SEPARATOR . $_SESSION
["idioma"] . "/acceso_vis_" . $_SESSION ["idioma"] . ".php";
```

De modo que existirá un archivo en la carpeta: *es*. El archivo: *acceso_vis_es.php*. Esta solución no es única, y se pueden aplicar otras distintas, incluida la que se aplica a las funciones PHP. Sin embargo, la modificación directamente en el código HTML permite un mejor ajuste de las cadenas de texto en el interfaz de usuario.

La fase de traducción se realiza una vez que se ha finalizado el desarrollo para un idioma en particular. Por ese motivo, el código de las funciones PHP se deja preparado para la traducción, tal y como se ha explicado, y el código HTML no se divide en archivos de idiomas hasta que no se vaya a traducir la aplicación.

Implementando la funcionalidad

La definición de las actividades en UML

Para entender mejor las funcionalidades que implementar, existen diagramas que simplifican la transmisión del conocimiento. Desde los expertos en la misma, pero que no tienen conocimientos en desarrollo informático; hacia los responsables de la creación de la aplicación.

Los **diagramas de actividad de UML** permiten secuenciar los comportamientos, por tanto, incluyen temporalidad. También permiten definir bifurcaciones y bucles, por lo que se aproximan a la programación. Aunque no entran en detalles precisos, respecto al manejo de los datos, entre otros.

El diagrama de actividad de la operativa de un usuario que se quiere registrar se muestra en la Ilustración 8.

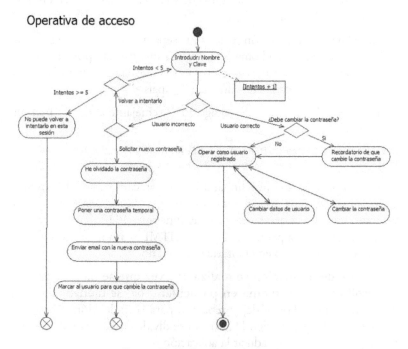

Ilustración 8: Operativa de acceso

Según lo que se puede observar en el diagrama de actividades UML, debemos permitir que un usuario introduzca la contraseña un máximo de cuatro veces. Y, a la quinta, le indicaremos que no puede seguir intentándolo hasta que no se pase le tiempo suficiente como para que se cancele la sesión que tiene abierta.

Una sesión es un identificador que relaciona al navegador Web cliente para que el servidor sepa que está tratando con el mismo. Una sesión tiene un tiempo de vida. El cual se establece desde el último momento en el que realiza una solicitud y se le concede margen de tiempo, que suele ser de 30 minutos. Pasado ese tiempo, la sesión de elimina y todos los datos asociados con ese identificador son destruidos.

Los datos globales de una aplicación Web los son para cada sesión y, por tanto, para cada navegador Web cliente.

Según se indica en el diagrama de actividad, si un cliente introduce mal la contraseña, puede optar por pedir una nueva contraseña. La cual le será enviada por email. Esto significa que el email es un dato muy importante y que debe comprobarse en el momento de crear un usuario. Por lo que debemos incluir esa opción en la Vista de Acceso de usuario, con el nombre de "No recuerdo la contraseña".

Una forma de **cambiar de página** en por medio de un **hiperenlace**. Y de esa manera acceder a la funcionalidad de envío de una nueva clave por email. **Si lo que queremos es cambiar de vista, el hiperenlace apuntara a la misma página, pero indicando la vista con un parámetro de la URL que será "id" de manera general**. El código sería:

```
<a href="<?php echo PROTOCOLO.$_SERVER ["PHP_SELF"] .
 "?id=reenviar_clave";?>">No recuerdo la contraseña</a>
```

De esta manera, la llamada se hace con el protocolo adecuado (http o https), a la misma página actual, pero indicando un cambio de vista hacia el archivo: *reenviar_clave_vis.php*.

La página principal de la aplicación queda como puede verse en la Ilustración 9.

Para darle un aspecto visual mejorado se ha creado una hoja de estilos adicional: *pawp.css*, que contiene los estilos que son comunes, tanto para la vista normal, como para la vista vertical para dispositivos móviles.

Ilustración 9: Vista integrada de acceso_vis.php en index.php

La base de datos

Una base de datos consiste en un almacén de datos y un software de servicio para las diferentes solicitudes posibles:

- **Creación y modificación del modelo de datos:** de su estructura.
- **Consulta y modificación de la información.**
- **Gestión de los accesos al servicio.** Creación y administración de los usuarios y de sus permisos de operación.

El modelo de datos se describe mediante diagramas de **Entidad-Relación.**

Una **entidad** es un elemento físico o conceptual que se describe por su información. Consta de atributos, que son elementos que componen la entidad y la estructuran. Estos elementos pueden ser, a su vez, entidades. Por lo que la decisión de representarlos como atributos o entidades se adapta a las necesidades que surjan para su utilización.

Una **relación** se describe con una acción en la que participa una entidad como sujeto y otra entidad, u otras, como predicado. Se pueden definir utilizando verbos, y la relación numérica que puede afectar al predicado respecto al sujeto. Por ejemplo: una casa tiene "n" ventanas; o una casa se levanta en un terreno.

Los diagramas Entidad-Relación no están contemplados por los diagramas UML. Sin embargo, es posible adaptar los **Diagramas de Clases** para que sirvan para ese cometido de una manera muy próxima.

Las relaciones de los diagramas de clases serán siempre según una cardinalidad n a 1, es decir, que "n" entidades tiene una acción con "1" entidad; y ese "n" también incluye "1".

La manera de identificar las entidades es pensando en ellas como contenedores de datos, que describen elementos del mundo real. Todos los datos deberán tener la misma estructura. Y solo se subdividen en un único nivel más: el de atributo. Si necesitáramos dividirlos en más niveles, deberemos convertir esos atributos en entidades, las cuales tendrán un nivel más de división; y así sucedsivamente. Y relacionarlas con el verbo "tener".

Si un atributo puede aparecer más de una vez para una misma entidad, también se convierte en una entidad y se relaciona con el verbo "tener".

Para cubrir la funcionalidad descrita por los casos de uso y los diagramas de acción, necesitamos el modelo de la Ilustración 10. El cual creamos en UML con el programa StarUML.

Ese modelo de datos relaciona los usuarios con los permisos. Pero los permisos son sobre los recursos de ACL, es decir, sobre funcionalidades o elementos de uso.

Un ACL es una lista de control de acceso. Está compuesta por el nombre de un **recurso**, que es el que tienen su propia lista asociada. Y unas entidades externas y que son los **"permisos"**. Cada permiso presenta el acceso o lo niega: a la lectura, la escritura, la ejecución, el cambio de permisos o la posibilidad de poner o quitar usuarios en la lista acl de ese recurso. Además, **cada permiso es para un único usuario**, pero un **recurso** tiene muchos usuarios ("**n**") con permisos sobre él. Esto se logra describir ya que cada permiso tiene información de a qué usuario se le concede y a qué recurso de ACL. Por tanto, ese par (**usuario-recurso del ACL**) no se puede repetir, pero el **usuario** puede aparecer muchas veces, y el **recurso de acl** también.

Una entidad se convierte en una "tabla" en una base de datos. Una relación se convierte en una asociación entre dos claves: la clave primaria y la clave extranjera.

La clave primaria se construye con atributos de la tabla de modo que identifiquen los registros de cada tabla de manera única.

La clave extranjera se construye con atributos que son del mismo tipo que los atributos que son clave primaria en una tabla. Pueden repetirse y hacen referencia a datos que existen en la clave primaria, en otra tabla o en sí misma (relación reflexiva).

La clave extranjera conduce a una única entidad, pues la clave primaria es única.

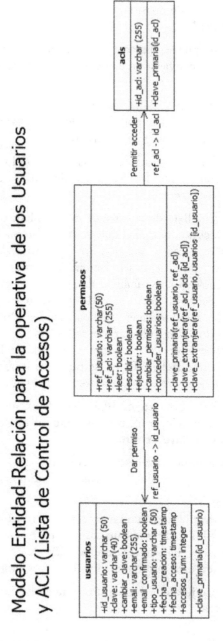

Ilustración 10: Modelo Entidad-Relación de los usuarios y acls.

En la construcción de una base de datos, seguiremos un criterio de nomenclatura que se recomienda a continuación:

- Los nombres se construyen a minúsculas, con palabras completas, separadas por guion bajo "_", sin utilizar caracteres especiales como las letras acentuadas, la "ñ" o la "ç".
- Las entidades o **tablas** tienen su nombre en **plural**.
- Los **atributos** tienen su nombre en **singular**.
- Los **atributos** que construyen las **claves primarias** tienen el prefijo "**id_**". Salvo una excepción, que llevarán el prefijo "**ref_**", que es cuando un atributo sea clave primaria y extranjera simultáneamente.
- Los **atributos** que construyen las **claves primarias**, o uno de ellos, cuando es una clave compuesta; tienen el **mismo nombre que la tabla, pero en singular.** Y con el prefijo "**ref_**"
- Los índices de las **claves primarias** comienzan con "**cp_**".
- Las índices de las **claves extranjeras** comienzan con "**ce_**".

Los **tipos de datos** de los atributos de las tablas no son exactamente iguales a los tipos de datos que manejan los programas escritos en PHP. Así, por ejemplo: las cadenas de caracteres en las bases de datos suelen ser de tipo "**varchar**" y se les debe proporcionar un tamaño; pero en PHP son "**string**".

En general, es conveniente dar un tamaño por exceso que dar un tamaño que luego resulte corto. Aunque se posible alterar las tablas, un tamaño por exceso no tiene por qué ocupar más espacio físico; pues éste se optimiza, y el no utilizado no se pierde.

Para crear una **Base de datos** utilizaremos la aplicación Web: **phpmyadmin**. Debemos tener permisos para crearla.

Para crear la base de datos indicamos su **nombre** y su **juego de caracteres**. Indicamos que el nombre será "**pawp**" y el cotejamiento "**latin1_bin**".

Una vez creada la base de datos, crearemos las tablas: **usuarios, permisos** y **acls**, con sus atributos.

El campo "**fecha acceso**" se gestionará automáticamente. Esto la hacemos indicando, al crear la tabla en la base de datos, que se cambiará, con el valor SQL: **CURRENT_TIMESTAMP**, en las actualizaciones.

Luego creamos las claves primarias: **cp_id_usuario**, **cp_ref_usuario_ref_acl** y **cp_id_acl**. Después creamos las claves extranjeras, como índices: **ce_ref_usuario** y **ce_ref_acl**.

Por último, creamos un usuario de la base de datos, sin permisos para modificar su estructura. Es decir, solo con permisos de **select**, **insert**, **update** y **delete**. Dicho usuario va a tener el nombre: pawp. Y una contraseña.

La conexión con la base de datos

Una vez que la base de datos ha sido creada, debemos realizar la conexión con el servidor MySql desde PHP. Para ello, necesitamos una serie de datos que vamos a incluir en un fichero de constantes, específico para la base de datos, y que se llamará *pawp_mysql_mod.php*. Donde situaremos las siguientes:

```
define (PAWP_MYSQL_HOST', "localhost");
define ('PAWP_MYSQL_USER', "pawp");
define ('PAWP_MYSQL_CLAVE', "pawiarp");
define ('PAWP_MYSQL_DB', "pawp");
```

En este archive ponemos el usuario y la contraseña, pero los únicos que pueden acceder a esta información son los administradores con permisos de acceso a la carpeta del servidor de aplicaciones donde se instala la aplicación Web. De modo que la seguridad está garantizada, ya que desde el navegador Web no se verían esos datos.

Las bases de datos suelen tener limitado el número de conexiones abiertas simultáneamente, por lo que la manera de operar con la base de datos será:

- Abrir conexión con la base de datos.
- Realizar operación.
- Cerrar la conexión.

El código general de estas operaciones es:

```
$ret = true;
$error_array = array ();
$error = "";
$enlace = "";
if ($ret) {
    $enlace = mysql_connect (PAWP_MYSQL_HOST,
    PAWP_MYSQL_USER, PAWP_MYSQL_CLAVE);
    if (! $enlace) {
        $ret = false;
```

```
    $error_array ["es"] = "No se ha podido conectar con
    la base de datos. " . mysql_error () . " ";
    $error = $error_array [$_SESSION ["idioma"]];
  }
}
if ($ret) {
  $db_seleccionada = mysql_select_db (PAWP_MYSQL_DB,
  $enlace);
  if (! $db_seleccionada) {
    $ret = false;
    $error_array ["es"] = "No se ha podido seleccionar la
    base de datos. " . mysql_error () . " ";
    $error = $error_array [$_SESSION ["idioma"]];
  }
  if ($ret) {
    $ret = mysql_set_charset ("latin1");
  }
  // Funciones que realizan la gestión de datos.
  if ($ret) {
    $ret = acceso_comprobar_usuario_datos ($error);
  }
  if ($ret) {
    $ret = acceso_actualizar_usuario ($error);
  }
  // Fin de la sección de la gestión de datos.
  mysql_close ($enlace);
}
return $ret;
```

Las operaciones con la base de datos

Las operaciones más habituales con la base de datos son:

- Consulta, mediante la instrucción del lenguaje SQL: **select**.
- Inserción, mediante la instrucción del lenguaje SQL: **insert**.
  - o Si se intenta insertar un registro cuando ya existe otro con el mismo valor del identificador de la clave primaria, se produce un error.
  - o También existe la instrucción **replace**, que es igual que **insert**, pero si ya existe otro con la misma clave primaria, entonces, lo reemplaza en lugar de retornar un error.
- Actualización, mediante la instrucción del lenguaje SQL: **update**.
  - o Si se intenta actualizar un registro que no existe, se produce un error y no se produce su inserción.

- o Si no hay cambios en el registro que se actualiza, no se realiza la operación.
- Borrado, mediante la instrucción del lenguaje SQL: **delete**.

En el caso de la funcionalidad de: Acceso de usuario, debemos realizar dos operaciones. Por un lado, **buscar** el usuario y, si su contraseña coincide, **actualizar** los datos de fecha_acceso y de accesos_num.

Cuando se hace una consulta con **select** podemos recuperar más de una fila. **NOTA: Una fila es la manera de referirse a cada uno de los registros, o entidades, de una tabla.**

La programación de SQL se realizará por medio de una cadena de texto conteniendo la instrucción completa. Ésta se ejecuta en el servidor de bases de datos y nos devuelve el resultado en un "**conjunto de resultados**" compuesto por las filas que corresponden.

En concreto, la consulta para comprobar que un usuario existe en la base de datos y su contraseña coincide se realiza en varias fases:

- Preparación de los datos de la consulta.
- Construcción de la cadena de texto conteniendo la consulta.
- Envío de la consulta
- Recepción del conjunto resultante, fila a fila.

La consulta del usuario y la clave

En el caso de la comprobación de una contraseña, hay que tener en cuenta aspectos de seguridad. Por tanto, la contraseña no debe ser conocida por nadie. Salvo por su propietario.

Eso significa que debe guardarse en la base de datos en un formato que resulte imposible que pueda conocerse. Para resolver ese problema se emplea la función PHP: **sha1**, que devuelve una cadena encriptada, de manera unidireccional, a partir de los datos.

Así pues, guardaremos en la base de datos el resultado del encriptado. Y, cuando haya que comprobar una contraseña, primero la encriptamos con **sha1** y, luego, miramos si ese resultado es igual a lo que tenemos guardado en la base de datos.

La parte de preparación de datos tiene que tener en cuenta algunos aspectos:

- Las contraseñas se comparan tras encriptarlas con la función PHP: **sha1**.

- Las cadenas de caracteres hay que convertirlas para prevenir la presencia de caracteres de escape que invaliden la cadena SQL que vamos a componer. Lo hacemos empleando la función PHP: **mysql_real_escape_string. NOTA: las cadenas de caracteres SQL deben ir entre comillas simples (').**

- Las fechas deben formatearse para que puedan ser interpretadas por el servidor de base de datos. Por lo que se incluye, en la instrucción SQL, una llamada a la función SQL: **str_to_date ('<fecha>', '%Y-%m-%d')**. Para pasarle el formato aaaa-mm-dd (año-mes-día), que es un formato internacional.

- Las horas se tratan igual que las fechas, mediante la función SQL: **str_to_date ('<hora>', '%H:%i:%s')**. Para pasarle el formato HH:mm:ss (Hora de 24 horas:minutos:segundos).

El dato de la contraseña se guarda en la variable $clave:

```
$clave = sha1 ($clave);
```

La instrucción de búsqueda de un usuario o email, y una contraseña; sería:

```
$comando = "select id_usuario, clave, cambiar_clave, email,
  email_confirmado, tipo_usuario from usuarios
  where (id_usuario = '"
, mysql_real_escape_string ($usuario)
."' or email = '"
. mysql_real_escape_string ($usuario)
."') and clave = '"
. mysql_real_escape_string ($clave)
."'";
```

El envío de la consulta lo hacemos con la función PHP **mysql_query**. Y el código sería:

```
$resultado = mysql_query ($comando);
if ($resultado === false) {
    $ret = false;
    $error_array ["es"] = "Error al comprobar el usuario: " .
    mysql_error () . " ";
    $error = $error_array [$_SESSION ["idioma"]];
}
```

Para recuperar los datos de la consulta, tenemos que realizar un bucle repetitivo y leer, una a una, las filas devueltas por la consulta. Sin embargo, si lo único que nos interesa es saber si hay resultados o no los hay; basta con comprobar que el conjunto resultante no es vacío.

Para leer el conjunto resultante utilizaremos la función **mysql_fetch_assoc**. El código sería:

```
if ($ret) {
    $usuario_seleccionado = mysql_fetch_assoc ($resultado);
    if ($usuario_seleccionado != null) {
        <hay datos, el usuario está registrado>
    }
}
```

Ahora solo queda recuperar los datos de la primera fila, lo que se hace tratando a **$usuario_seleccionado**, como un array cuyos índices coinciden con los nombres de los campos pedidos en la consulta **select**. Pero, primero, realizaremos unas comprobaciones:

- Si el usuario no tiene el email confirmado, no puede entrar en el sistema. Se le indicará que debe validar el email o volver a introducir un email válido en sus datos de registro del usuario.
- Si el usuario tiene activado el indicador de que debe cambiar la clave, recibirá un mensaje recordándoselo. Esto se repetirá cada vez que entre, hasta que la cambie.

Estos datos van a estar disponibles para toda la aplicación, pero tienen su origen en el archivo *acceso_con.php*. Por ese motivo los guardamos en la variable global $_SESSION, pero dentro de un array creado exclusivamente para la operativa "acceso":

```
$_SESSION ["acceso"] ["id_usuario"] = $usuario_seleccionado
    ["id_usuario"];
$_SESSION ["acceso"] ["clave"] = $usuario_seleccionado
    ["clave"];
$_SESSION ["acceso"] ["cambiar_clave"] = (boolean)
    $usuario_seleccionado ["cambiar_clave"];
$_SESSION ["acceso"] ["email"] = $usuario_seleccionado
    ["email"];
$_SESSION ["acceso"] ["email_confirmado"] = (boolean)
    $usuario_seleccionado ["email_confirmado"];
$_SESSION ["acceso"] ["tipo_usuario"] = $usuario_seleccionado
    ["tipo_usuario"];
```

En la asignación, se ha utilizado una adaptación de tipo (**casting**) de manera que cambiar_clave y email_confirmado van a ser booleanas, por el uso de la instrucción: (boolean).

Una vez que se ha terminado de trabajar con el conjunto resultante, hay que liberarlo para que sea destruido, con la función PHP: **mysql_free_result**:

```
mysql_free_result ($resultado);
```

Y podemos presentar un mensaje indicando que el usuario se ha registrado correctamente, y cual es su nombre.

Si el usuario no se ha encontrado en la base de datos, se le indicará que es usuario o ese email; o esa contraseña, no eran correctos y que tiene 3 intentos restantes.

Para contabilizar los intentos, creamos una variable global: $_SESSION ["acceso"] ["intentos_num"] = 1; que iremos incrementando cada vea que falle. Si iguala el valor de 5, no le comprobaremos más los datos introducidos contra la base de datos. Esta variable se pone a 0 si el usuario logra entrar, y se destruye cuando finaliza la sesión; que se abrió para ese navegador usando **session_start**.

Una vez que el usuario entra en el sistema, conocemos sus datos y el tipo de usuario que es. Si es usuario "administrador" puede dar de alta usuarios. Debemos cambiar las opciones del menú izquierdo, en el archivo *margen_izquierdo_vis.php*, para que muestre las opciones de operativa propias de cada tipo de usuario. Para ello creamos dos funciones en el Controlador de acceso: **acceso_concedido ()**, cuando el usuario se ha registrado correctamente; y **acceso_tipo_usuario ("<tipo de usuario>")**, para comprobar que el usuario es del tipo que le indicamos en el parámetro.

El problema que se plantea ahora es el siguiente: si hemos creado la base de datos nosotros, y está vacía. ¿Cómo vamos a crear usuarios? si no existe el administrador. Ya que dicho usuario administrador, no ha sido creado aún.

La respuesta es que debemos crear directamente el usuario administrador en la base de datos. Para ello tenemos que crear un pequeño programa que nos dé el código **sha1** de su contraseña, que será "pawiarp". El código SQL que habría que ejecutar en el servidor sería:

```
insert into usuarios (id_usuario, clave, cambiar_clave,
  email, email_confirmado, tipo_usuario, fecha_creacion,
  accesos_num) values ('pawp', '<resultado de sha1>', false,
```

```
'admin@pawp.es', true, 'administrador', CURRENT_TIMESTAMP,
0);
```

Donde: <resultado de sha1> = sha1 ("pawiarp");

NOTA: El **<timestamp>** (marca con la fecha y la hora), lo inserta la base de datos mediante la instrucción SQL: **CURRENT_TIMESTAMP.**

La actualización del usuario

Si el usuario es correcto, debemos cambiar la fecha de su última visita y aumentar el contador de visitas. Para ello deberemos emplear la instrucción SQL: **update.**

Crearemos una nueva función: acceso_actualizar_usuario donde construiremos la consulta SQL:

```
$comando = "update usuarios set "
. "accesos_num = accesos_num + 1 "
. "where id_usuario = '"
. mysql_real_escape_string ($usuario)
. "'";
```

El campo de la tabla "usuarios": "fecha_acceso", no es necesario incluirlo, pues se ha programado en la base de datos que se actualice con cada "**update**".

El código tras mysql_query ($comando) no va a recibir un conjunto de resultados, pues el comando **update** solo nos permite conocer el número de filas que fueron afectadas. Es decir, las que sufrieron cambio. Hay que tener en cuenta que si los datos, con los que actualizar, eran iguales a los que había, no se considera que se haya afectado esa fila.

Utilizamos la función PHP mysql_affected_rows () para conocer cuántas filas han sido afectadas. Si el número no es 1, se emite un mensaje de error.

Si el usuario existe en la tabla de usuarios, la contraseña **sha1** coincide y, además, podemos actualizar los datos del acceso. Entonces podemos emitir un mensaje de que el usuario ha accedido al sistema. Sus datos estarán disponibles en la variable global $_SESSION ["acceso"]. En caso contrario, destruimos esos datos utilizando **unset:** unset ($_SESSION ["acceso"]).

Finalizando la funcionalidad de "acceso"

Para terminar la funcionalidad de acceso debemos cubrir dos características específicas:

- Un usuario que no tiene el email confirmado solo puede acceder a las opciones para usuario registrado: Cambiar contraseña, Cambiar datos de usuario. Y a todas las opciones de usuario no registrado.

- Cuando un usuario con el email no confirmado entra en el sistema, debe recibir un mensaje que le indique que debe confirmar el email para poder acceder a las operaciones para su tipo de usuario de la aplicación.

- Un usuario que no ha cambiado la contraseña solo puede acceder a la operación de Cambiar contraseña. Y cuando se registre debe aparecerle un mensaje indicando que es preciso que cambie la contraseña.

Los cambios que hay que realizar afectan al menú izquierdo y a los mensajes de error que se presentan cuando se registra el usuario. Por tanto debemos modificar *acceso_con.php* y *margen_izquierdo_vis.php*.

Creamos dos funciones nuevas en *acceso_con.php* para documentar mejor su utilidad que si usáramos directamente las variables globales. Su código será muy sencillo:

```
function acceso_cambiar_clave ()
{
    return $_SESSION ["acceso"] ["cambiar_clave"];
}

function acceso_email_confirmado ()
{
    return $_SESSION ["acceso"] ["email_confirmado"];
}
```

La condición que comprobar en el menú *margen_izquierdo_vis.php* es la siguiente, para usuarios registrados y usuarios "administrador":

```
if (! acceso_cambiar_clave () && acceso_email_confirmado ())
```

Una vez establecido el control de acceso a las vistas, debemos repasarlas y establecer, en la sección de protección de acceso, los criterios de acceso particulares.

Detalles sobre el paso de datos entre páginas PHP

Cuando realizamos un cambio de página, las variables de la página previa se pierden. Pero si lo que se realiza es un cambio de vista, no se pierden. Esto resulta confuso, por lo que, por norma general, vamos a suponer que sí se pierden y, por tanto, no las utilizaremos en la nueva Vista que se carga.

Para pasar datos entre páginas podemos recurrir a tres métodos:

- Si el cambio de página se realiza por el envío de un formulario a una página indicada en el atributo "**action**" de la etiqueta **<form>**; pasamos los datos utilizando la etiqueta **<input>** con el atributo "**type**" a "**hidden**". Con eso creamos un dato que se enviará con el formulario, pero que no es visible en la presentación de la página Web. Hay que tener en cuenta que algunos caracteres pueden necesitar traducción a códigos HTML mediante la función **htmlentities** o **htmlspecialchars**.

- Si el cambio de página se realiza mediante una URL, podemos incluir los datos en la sección de la "query_string" (detrás de la "?" y separados por el símbolo "**&**"). En ese caso formaremos la URL con el nombre del parámetro, por ejemplo "id", luego el signo "=" y después el dato, adaptado al formato de una URL mediante la función **urlencode**.

- El tercer método es a través de variables globales. Por ejemplo, el dato "id" estaría como: $_SESSION ["id"] = "<valor>";

En la aplicación que estamos construyendo, existe un dato que pertenece al marco principal de las vistas, es decir, al archivo *index.php*; el cual debe cambiar para indicar qué vista está mostrando al usuario. Dicho dato es el **título**.

Para lograr esto, recurrimos al uso de una variable global nueva, que denominaremos $_SESSION ["titulo"] = array ();

Y que consistirá en un array donde cada Vista creará una entrada con su nombre de funcionalidad (sin **_vis**, **_con**, **_con_pag**, ni **_mod**). Así, la vista de acceso declarará en su archivo, en la función **acceso_controlador** la línea, será:

```
$_SESSION ["titulo"] ["acceso"] = "Pawp: Acceso al sistema";
```

Se modifica el archivo *globales_mod.php* para poner la nueva variable global, y se modifica *index.php* para que tenga en la etiqueta:

```
<title><?php echo $titulo; ?></title>.
```

Donde, previamente, **$titulo** se obtiene con el código siguiente:

```
$titulo = "Pawp: Programación de una Aplicación Web en PHP";
if (isset ($_SESSION ["titulo"] [$_SESSION ["id"]])) {
    $titulo = $_SESSION ["titulo"] [$_SESSION ["id"]];
}
```

De esta forma se va creando una tabla de variables globales que automáticamente irán dando título a la página *index.php* en función de la vista que contenga.

Las pruebas

Cada vez que una funcionalidad se ha completado, debe ser probada antes de pasar a la siguiente. Eso nos permite ir avanzando asegurando el camino recorrido; y corregir los errores cuando tenemos más reciente el código y, por tanto, nos resulta más fácil.

Las pruebas funcionales, las que prueban el código programado en una función; deben realizarse por el programador que las escribe, y es su responsabilidad que no presenten fallos.

Las pruebas de módulo, de operativa o de funcionalidad deben realizarse por aquellos que no lo han programado. De esa manera se combinan los conocimientos del programador y el desconocimiento del usuario; y se complementan. Desgraciadamente el programador no desea que se encuentren errores, pero el testeador sí lo desea. Por lo que a veces se producen conflictos entre ambos.

Las pruebas de funcionalidad se realizan desde la interfaz de usuario, suponiendo el comportamiento de un usuario inexperto. Para no repetir las pruebas múltiples veces se pueden utilizar herramientas para grabar los comportamientos de un usuario en el navegador Web. Esto puede lograrse con una herramienta para el navegador Firefox que se denomina "Selenium IDE" y que es gratuita. Puede encontrarse en: http://www.seleniumhq.org/projects/ide/.

Las pruebas de usuario deben realizarse en los navegadores Web más utilizados: Internet Explorer, Chrome, Firefox y otros. Y en las versiones más comunes. Aunque, en algunos casos, se prueban versiones antiguas para asegurarse una compatibilidad mayor.

La grabación de los comportamientos puede ayudar mucho al programador, pues así encuentra la secuencia completa que dio lugar a un error. Hay errores sencillos de reproducir, pero otros no lo son en absoluto. Y dicha grabación permite conocer los pasos que condujeron al mismo.

En el caso de la funcionalidad de "acceso" tenemos que introducir el usuario: "pawp" y la contraseña "pawiarp".

El comportamiento esperado es que aparezca el mensaje: "Acceso al usuario: pawp concedido. Y el menú izquierdo deberá modificarse para que presente las operaciones:

- Inicio.
- ~~Acceso de usuarios~~. Debe dejar de estar visible.
- Cambiar contraseña.
- Cambiar los datos de usuario.
- Crear usuario.
- Salir usuario.
- Conózcanos.
- Contacto.

Para que el controlador "*acceso_con.php*" pueda modificar el menú izquierdo necesitamos hacer uso de un controlador especial: el controlador de página. Por lo que creamos el archivo "*acceso_con_pag.php*" que contendrá el código de validación de usuario y contraseña, quitándolo del código de la sección del controlador de la vista. El archivo *acceso_con_pag.php* contendrá:

```
$ruta = __DIR__;
include_once $ruta . DIRECTORY_SEPARATOR . ".." .
  DIRECTORY_SEPARATOR. "constantes_mod.php";
include_once $ruta . DIRECTORY_SEPARATOR . "acceso_con.php";

$ret = true;
$acceso_pag_error = "";
$acceso_pag_array = array ();
$ret = acceso_controlador ($acceso_pag_array,
  $acceso_pag_error);
if (! $ret) {
    $acceso_pag_error = htmlentities ($acceso_pag_error);
}
```

Las variables que utiliza el controlador de página son iguales que las del controlador de vista, pero incluyen el indicador "**_pag**" detrás del nombre de la funcionalidad.

La funcionalidad del registro de un usuario

Una vez que se ha probado la funcionalidad de acceso al sistema, y que existe el usuario administrador inicial; podemos pasar desarrollar la opción de crear un usuario, por un usuario administrador. Para ello, vamos a crear una vista nueva, en la carpeta *acceder*, con el nombre *crear_usuario_vis.php*. De modo que la funcionalidad recibe el nombre de "crear_usuario".

Lo primero que haremos será crear un formulario. Para lo cual, partimos del formulario que construimos para "acceso" y añadimos y modificamos los campos que consideremos necesarios.

Los campos que se deben completar manualmente para crear un usuario, son:

- Identificador de usuario. Debe ser un nombre único en el sistema.

- Clave. Debe introducirla dos veces, para asegurarnos de que la teclea correctamente.

- Email. Puede estar repetido en la base de datos, pero si el email y la contraseña coinciden en más de un usuario se producirá un conflicto. Esa circunstancia especial se permite, pues se entiende que es necesaria cuando un usuario tiene dos posibles identidades, con un tipo de usuario diferente para cada una.

- Tipo de usuario. Puede ser "administrador", y puede crear nuevos usuarios; o "registrado", que no puede.

- Para comprobar que el usuario es creado por una persona, y no por un programa, se puede pedir un "CAPTCHA". Pero en este caso no lo haremos pues, para crear usuarios, hay que ser "administrador". Lo que garantiza suficientemente el proceso de creación de usuarios.

NOTA: CAPTCHA son las siglas de Completely Automated Public Turing test to tell Computers and Humans Apart (Prueba de Turing pública y automática para diferenciar máquinas y humanos). Normalmente, consiste en un texto presentado como una imagen, o en un sonido, o en una operación lógica presentada como una imagen. El usuario debe responder qué ha visto, oído o el resultado del cálculo. Si la respuesta es correcta, se da por aceptado que el usuario es una persona.

Las variables que el formulario entregará, serán, respectivamente:

```
crear_usuario_id_usuario, crear_usuario_email,
```

crear_usuario_tipo. Estos datos se presentarán en el formulario cuando contengan información. No se conservan los datos de la clave ni de la clave repetida, para evitar que alguien ajeno se aproveche de esa información.

Para la selección del tipo de usuario emplearemos una lista desplegable con la etiqueta **<select>** el código para recordar el dato introducido en el formulario se aplica sobre la etiqueta **<option>**, con el valor "**selected**", por lo que crearemos tantas variables locales como opciones haya.

La **sección de protección de la vista** incluirá el código:

```
if (basename(__FILE__) == basename ($_SERVER
  ["SCRIPT_FILENAME"])) {
    die; // No se puede llamar directamente
}
```

Luego le sigue una sección en la que comprobamos que el usuario que accede a esa página es un usuario administrador:

```
$ruta = __DIR__;
include_once $ruta . DIRECTORY_SEPARATOR . "acceso_con.php";
if (! acceso_tipo_usuario ("administrador")) {
    include $ruta . DIRECTORY_SEPARATOR .
    "mensaje_no_acceso.php";
    die;
}
```

En caso de que no se tenga permiso para acceder a esa vista, se presenta otra Vista, con un mensaje en el que se informa de ello. Su código puede ser muy sencillo, por ejemplo, *mensaje_no_acceso.php* puede contener:

```
<?php
if (basename(__FILE__) == basename ($_SERVER
  ["SCRIPT_FILENAME"])) {
    die; // No se puede llamar directamente
}
?>
<div class="error">
El usuario ha salido del sistema o no tiene permisos
suficientes. Debe volver a entrar en el sistema para acceder
a esta funcionalidad.
</div>
```

La **sección de inclusión de archivos** de *crear_usuario_vis.php* contendrá:

```
$ruta = __DIR__;
include_once $ruta . DIRECTORY_SEPARATOR . ".." .
 DIRECTORY_SEPARATOR. "constantes_mod.php";
include_once $ruta . DIRECTORY_SEPARATOR .
 "crear_usuario_con.php";
```

La **sección de declaración de variables y captura de los datos del formulario** contendrá:

```
$crear_usuario_error = "";
$ret = true;
$vista = "";
$crear_usuario_id_usuario = "";
if (isset ($_REQUEST ["crear_usuario_id_usuario"])) {
    $crear_usuario_id_usuario = $_REQUEST
["crear_usuario_id_usuario"];
}
$crear_usuario_tipo = "";
if (isset ($_REQUEST ["crear_usuario_tipo"])) {
    $crear_usuario_tipo = $_REQUEST ["crear_usuario_tipo"];
}
$crear_usuario_email = "";
if (isset ($_REQUEST ["crear_usuario_email"])) {
    $crear_usuario_email = $_REQUEST ["crear_usuario_email"];
}
```

La **sección de funciones del controlador** será como sigue:

```
$crear_usuario_array = array ();
$ret = crear_usuario_controlador ($crear_usuario_array,
$crear_usuario_error);
```

La **sección de preparación de las variables** que presentar en el formulario contendrá lo siguiente:

```
$crear_usuario_id_usuario = htmlentities
 ($crear_usuario_id_usuario);
$crear_usuario_email = htmlentities ($crear_usuario_email);
$crear_usuario_tipo_administrador = "";
$crear_usuario_tipo_registrado = "";
if ($crear_usuario_tipo == "administrador") {
    $crear_usuario_tipo_administrador = "selected";
} else if ($crear_usuario_tipo == "registrado") {
    $crear_usuario_tipo_registrado = "selected";
}
```

La **seccion de cambio de Vista, y de código HTML y PHP** permitirá un cambio de vista mediante el mecanismo siguiente:

```php
if ($vista == "") {
?>
    <Código HTML y PHP de la vista>
    <?php
    if ($crear_usuario_error != "") {
    ?>
        <div class="error"><?php echo $crear_usuario_error;
        ?></div>
    <?php
    }
    ?>
<?php
} else {
    include_once $vista;
}
?>
```

El código HTML y PHP, de la vista, sería el siguiente:

```html
<form class="formulario" target="_self" method="POST"
  action="<?php echo PROTOCOLO.$_SERVER ['PHP_SELF']; ?>"
  name="crear_usuario">
    <div class="bloque_formulario">
        <label><div class="etiqueta">Usuario: </div><input
        autocomplete="on" maxlength="50" size="15"
        required="required" name="crear_usuario_id_usuario"
        type="text" value="<?php echo
        $crear_usuario_id_usuario; ?>">
        </label><br>
        <label><div class="etiqueta">Contrase&ntilde;a:
        </div><input autocomplete="off" maxlength="10"
        size="10" required="required"
        name="crear_usuario_clave" type="password">
        </label><br>
        <label><div class="etiqueta">Repetir
        contrase&ntilde;a: </div><input autocomplete="off"
        maxlength="10" size="10" required="required"
        name="crear_usuario_clave_repetir" type="password">
        </label><br>
        <label><div class="etiqueta">Email: </div><input
        autocomplete="on" maxlength="255" size="31"
        required="required" name="crear_usuario_email"
        type="email" value="<?php echo $crear_usuario_email;
        ?>">
        </label><br>
        <label><div class="etiqueta">Tipo de usuario: </div>
        <select name="crear_usuario_tipo">
```

```html
<option value="registrado" <?php echo
$crear_usuario_tipo_registrado; ?>
>Registrado</option>
<option value="administrador" <?php echo
$crear_usuario_tipo_administrador; ?>
>Administrador</option>
</select></label>
</div>
<div class="enviar"><input value="Enviar"
name="crear_usuario_enviar" type="submit"></div>
</form>
```

El controlador del registro de un usuario

El archivo del controlador será: *crear_usuario_con.php* y contendrá las funciones: crear_usuario_controlador, crear_usuario_validar, crear_usuario_datos y crear_usuario_insertar.

La validación comprueba que no se dejen datos vacíos del nombre, ni de la clave, ni la clave repetida. Esto se impide también a nivel cliente con el atributo de la etiqueta **<input>: required="required"**, pero los controles del cliente se pueden saltar, por lo que deben volverse a comprobar en el servidor.

Para comprobar el email utilizamos la función **filter_var**:

```php
if (filter_var ($email, FILTER_VALIDATE_EMAIL)) {
    $error_array ["es"] = "Introduzca un email válido. ";
    $error .= $error_array [$_SESSION["idioma"]];
}
```

La función crear_usuario_datos abre la base de datos y llama a la función crear_usuario_insertar. La cual envía una instrucción "**insert**" de SQL, a la base de datos. Si "id_usuario" ya existe, el comando fallará y emitiremos un mensaje de error.

Es importante señalar que la clave se debe guardar encriptada con **sha1**, de esta manera nadie puede conocerla, salvo quien la crea.

Las instrucciones serían:

```php
$id_usuario = $_REQUEST ["crear_usuario_id_usuario"];
$clave = $_REQUEST ["crear_usuario_clave"];
$tipo = $_REQUEST ["crear_usuario_tipo"];
$tipo = sha1 ($clave);
$comando = "insert into usuarios (id_usuario, clave,
cambiar_clave, email, email_confirmado, tipo_usuario,
fecha_creacion)"
```

```
." values ('"
. mysql_real_escape_string($id_usuario)."', '"
. mysql_real_escape_string($clave)."', "
. "true, '"
. mysql_real_escape_string($email)."', "
. "false, '"
. mysql_real_escape_string($tipo)."', "
."CURRENT_TIMESTAMP ())";
$resultado = mysql_query ($comando);
```

Debemos tener en cuenta que las cadenas de texto deben ir entre comillas simples ('); pero los valores numéricos, o los de **true** y **false**, no.

Si el usuario se inserta correctamente, entonces le enviamos un email para comprobar que la dirección que indicó es correcta. En ese mensaje le indicaremos un código que debe introducir para demostrar que recibió el mensaje correctamente. Si lo hace así, entonces el usuario se marca con: "email_confirmado" a **true**.

Enviar emails desde PHP

El envío de emails desde el servidor de aplicaciones precisa que se haya configurado el sistema para poder hacer esa tarea. En los sistemas Linux se configura automáticamente pues existe un comando denominado "**sendmail**" que realiza el envío de los emails y que permite que PHP emplee su configuración. En Windows no existe ese comando y se suele solucionar mediante el uso de una aplicación que simula un "**sendmail**". La configuración de ese sistema no es el objeto de este libro. No es demasiado sencilla, aunque cada nueva versión suele serlo más.

La función que usa PHP para enviar emails es: **mail**, y hay que prepara los datos conforme a un formato particular.

Crearemos una función denominada crear_usuario_enviar_email que es llamada desde crear_usuario_controlador y que contendrá el código siguiente:

```
$ret = true;
$error = "";
$error_array = array ();
$email = $_REQUEST ["crear_usuario_email"];
$headers = 'MIME-Version: 1.0' . "\r\n";
$headers .= 'Content-type: text/html; charset=iso-8859-1' .
  "\r\n";
```

```
$headers .= 'To: <'.$email.'>' . "\r\n";
$headers .= 'From: <administrador@noreplay.es>' . "\r\n";
$archivo = __DIR__ . DIRECTORY_SEPARATOR .
  "crear_usuario_email_vis.php";
$mensaje = crear_usuario_include_archivo ($archivo);
$ret = mail ($email
  , "Nuevo usuario creado para PAWP"
  , $mensaje
  , $headers);
if (! $ret) {
    $error_array ["es"] = "Error enviando el email con la
    nueva clave. Operación fallida. ";
    $error = $error_array [$_SESSION ["idioma"]];
}
return $ret;
```

La cabecera del email es: "Nuevo usuario creado para PAWP". El cuerpo del mensaje se obtiene mediante la función crear_usuario_include_archivo que obtiene el código HTML y PHP del mensaje del archivo: *crear_usuario_email_vis.php*.

Es importante señalar que, puesto que la respuesta de ese mensaje no va a ser atendida, el emisor puede ser un email que no existe. El problema de ello es que los clientes de recepción de emails pueden clasificar nuestro mensaje como SPAM.

Nota: Se llama SPAM, correo basura o mensaje basura a los mensajes no solicitados, no deseados o de remitente no conocido (correo anónimo).

Incluir el resultado de archivo PHP en una variable PHP

Para ejecutar un archivo PHP, y que el resultado no sea enviado al solicitante de una página Web, sino que se guarde en una variable PHP; debemos utilizar una técnica de buffer (memoria intermedia) empleando las funciones PHP: **ob_start**; **ob_get_contents**; y **ob_end_clean**.

El código para incluir un archivo PHP que genere un mensaje que, luego, va a ser enviado por email; es el siguiente:

```
if (is_file($archivo)) {
    ob_start();
    include_once $archivo;
    $contenidos = ob_get_contents();
```

```
        ob_end_clean();
        return $contenidos;
}
return "";
```

El archivo PHP que incluir para construir el email con formato HTML, puede tener las siguientes secciones:

- Protección de la Vista:

```
if (basename(__FILE__) == basename ($_SERVER
  ["SCRIPT_FILENAME"])) {
    die; // No se puede llamar directamente
}
```

- Generación del número de validación del email a partir de la dirección de correo electrónico:

```
$ruta = __DIR__;
include_once $ruta . DIRECTORY_SEPARATOR . ".." .
  DIRECTORY_SEPARATOR . "constantes_mod.php";
if (isset ($_REQUEST ["crear_usuario_email"])) {
    $email = $_REQUEST ["crear_usuario_email"];
} else {
    die;
}
$codigo = sprintf ("%u", crc32 ($email));
```

- Código HTML y PHP:

```
<!DOCTYPE HTML PUBLIC "-//W3C//DTD HTML 4.01
Transitional//EN">
<html>
<head>
    <title>PAWP: Usuario creado. Verificación del
    email</title>
    <meta http-equiv="Content-Type" content="text/html;
    charset=iso-8859-1">
</head>
<body>
    <p>Se ha registrado un nuevo usuario con esta dirección
    de email. Siga este enlace para acceder al sistema:<br>
      <?php echo URL_BASE .
      "index.php?id=acceder/confirmar_email&email=" .
      urlencode ($email); ?></p>
    <p>Una vez allí, introduzca el código: <?php echo
    $codigo; ?></p>
    <p>Reciba un cordial saludo del autor del libro
    "Programación de una Aplicación Web en PHP",</p>
    <p>Emilio Aguilar Gutiérrez.</p>
```

```
</body>
</html>
```

En este código utilizamos el formato de una URL para pasar datos dentro de la "**query_string**", detrás de la "**?**", separados por "**&**", identificados con un nombre y un "**=**"; y convirtiendo sus caracteres con **urlencode**.

La confirmación del email

La Vista de la confirmación del email es semejante a la de acceso, se deben introducir el usuario, la contraseña y el código de verificación del email que se debe haber recibido por email.

Utilizaremos la etiqueta **<input>** para guardar datos de manera oculta, al establecer el atributo **type** a "**hidden**". El dato que guardar corresponde con el parámetro "email", que se recibe en la URL y se recupera con $_REQUEST ["email"].

En el archivo *confirmar_email_vis.php*, la sección de protección de la Vista es:

```
if (basename(__FILE__) == basename ($_SERVER
 ["SCRIPT_FILENAME"])) {
    die; // No se puede llamar directamente
}
```

La sección de inclusión contendrá:

```
$ruta = __DIR__;
include_once $ruta . DIRECTORY_SEPARATOR . ".." .
 DIRECTORY_SEPARATOR. "constantes_mod.php";
include_once $ruta . DIRECTORY_SEPARATOR .
 "confirmar_email_con.php";
```

La sección de variables de datos para el código HTML será:

```
$confirmar_email_error = "";
$ret = true;
$vista = "";
$confirmar_email_id_usuario = "";
if (isset ($_REQUEST ["confirmar_email_id_usuario"])) {
    $confirmar_email_id_usuario = $_REQUEST
    ["confirmar_email_id_usuario"];
}
$confirmar_email_validador = "";
if (isset ($_REQUEST ["confirmar_email_validador"])) {
    $confirmar_email_validador = $_REQUEST
    ["confirmar_email_validador"];
```

```
}
$confirmar_email_email = "";
if (isset ($_REQUEST ["email"])) {
    $confirmar_email_email = $_REQUEST ["email"];
} else if (isset ($_REQUEST ["confirmar_email_email"])) {
    $confirmar_email_email = $_REQUEST
    ["confirmar_email_email"];
}
```

Desde la URL se recibe la variable "**email**", pero desde el formulario se recibe la variable "**confirmar_email_email**", que tiene menos prioridad frente a la anterior. También hay que destacar que no hay variable para la contraseña.

La sección de la llamada al Controlador tendrá el código siguiente:

```
$confirmar_email_array = array ();
$ret = confirmar_email_controlador ($confirmar_email_array,
  $confirmar_email_error);
$vista = $confirmar_email_array ["vista"];
```

En este código se ha incluido un cambio de vista, como demostración de cómo hacerlo.

En el código de la función confirmar_email_controlador, que se presenta más adelante, puede verse cómo realizar el cambio de Vista desde el archivo Controlador (_**con**).

La sección de preparación de las variables de datos contiene:

```
$confirmar_email_error = htmlentities
($confirmar_email_error);
$confirmar_email_id_usuario = htmlentities
($confirmar_email_id_usuario);
$confirmar_email_validador = htmlentities
($confirmar_email_validador);
$confirmar_email_email = htmlentities
($confirmar_email_email);
```

La sección de código HTML y PHP es la siguiente:

```
if ($vista == "") {
?>
<form class="formulario" target="_self" method="POST"
  action="<?php echo PROTOCOLO.$_SERVER ['PHP_SELF']; ?>"
  name="confirmar_email">
    <div class="bloque_formulario">
        <label><div class="etiqueta">Usuario: </div><input
        autocomplete="on" maxlength="50" size="15"
        required="required" name="confirmar_email_id_usuario"
```

```
            type="text" value="<?php echo
            $confirmar_email_id_usuario; ?>">
            </label>
            <br>
            <label><div class="etiqueta">Contrase&ntilde;a:
            </div><input autocomplete="off" maxlength="10"
            size="10" required="required"
            name="confirmar_email_clave" type="password" >
            </label>
            <br>
            <label><div class="etiqueta">Clave de validación:
            </div><input autocomplete="off" maxlength="15"
            size="10" required="required"
            name="confirmar_email_validador" type="text"
            value="<?php echo $confirmar_email_validador; ?>">
            </label>
            <br>
        </div>
        <div class="enviar"><input value="Enviar"
        name="confirmar_email_enviar" type="submit"></div>
        <input name="confirmar_email_email" type="hidden" value
        ="<?php echo $confirmar_email_email; ?>" >
</form>
<?php
if ($confirmar_email_error != "") {
?>
        <div class="error"><?php echo $confirmar_email_error;
        ?></div>
<?php
}
?>
<?php
} else {
    include_once $vista;
}
?>
```

Se utiliza un **<input>** de tipo "**hidden**" para recibir el parámetro de la URL y pasarlo como un dato del formulario.

El archivo *confirmar_email_con.php* tiene las siguientes funciones:

`confirmar_email_controlador`, `confirmar_email_validar`, `confirmar_email_datos`, `confirmar_email_actualizar_usuario`.

El Controlador realiza un cambio de Vista y envía un mensaje a la Vista de destino utilizando una variable global: $_SESSION ["error"], que también incluiremos en *globales_mod.php*. El código de la función confirmar_email_controlador es el siguiente:

```php
$ret = true;
$error = "";
$confirmar_email_array ["vista"] = "";
$_SESSION ["titulo"]["acceso"] = "Pawp: Confirmar email";
if (isset ($_REQUEST ["confirmar_email_enviar"])) {
    $ret = confirmar_email_validar ($error);
    if ($ret) {
        $ret = confirmar_email_datos ($error);
    }
    if ($ret) {
        $ruta = __DIR__;
        $confirmar_email_array ["vista"] = $ruta .
        DIRECTORY_SEPARATOR . ".." . DIRECTORY_SEPARATOR .
        "inicio_vis.php"; // Archivo de Vista.
        $_SESSION ["id"] = "inicio"; // id de la Vista.
        $_SESSION ["error"] = "Email confirmado.";
    }
}
return $ret;
```

La función confirmar_email_validar obtiene el código de validación del email según la misma fórmula con la que se creó. Y la compara con el dato que el usuario introdujo:

```php
$validador = $_REQUEST ["confirmar_email_validador"];
$codigo = sprintf("%u", crc32 ($email));
if ($codigo != $validador) {
    $ret = false;
    $error_array ["es"] = "Clave de validación incorrecta. ";
    $error .= $error_array [$_SESSION["idioma"]];
}
```

La función confirmar_email_actualizar_usuario envía el comando **update** a la base de datos:

```php
$comando = "update usuarios set email_confirmado = true "
. "where id_usuario = '"
. mysql_real_escape_string ($id_usuario)
. "' and clave = '"
. mysql_real_escape_string ($clave)
. "'";
```

Las pruebas de funcionalidad

Para probar el ciclo completo de creación de un usuario, debemos entrar como un usuario "administrador". Crear un usuario nuevo.

Luego leer el email que recibiría ese usuario. Seguir el enlace que indica ese email. Llegar a la vista de "confirmar email". Introducir la clave de validación y recibir el mensaje de confirmación en la vista de "inicio".

La siguiente funcionalidad a implementar

Lo siguiente que implementar va a ser la de "salir usuario".

Cuando un usuario sale de la aplicación, el menú debe volver a ser el de un usuario no registrado. Eso significa que debemos emplear un controlador de página, con el sufijo: "_con_pag".

El código que hay que programar consiste simplemente en la eliminación de la variable global $_SESSION ["acceso"] mediante la función PHP **unset**. Y cambiar la vista a "inicio".

Los archivos que vamos a construir son: *salir_con_pag.php* y *salir_vis.php*.

La vista, lo único que tiene que hacer es proteger su acceso, e incluir el archivo "*inicio_vis.php*":

```php
if (basename(__FILE__) == basename ($_SERVER
  ["SCRIPT_FILENAME"])) {
    die; // No se puede llamar directamente
}
$ruta = __DIR__;
include_once $ruta . DIRECTORY_SEPARATOR . ".." .
  DIRECTORY_SEPARATOR. "inicio_vis.php";
```

El controlador de página *salir_con_pag.php* contiene el código:

```php
if (isset ($_SESSION ["acceso"])) {
    unset ($_SESSION ["acceso"]);
    $_SESSION ["id"] = "inicio";
}
```

Ejercicios - 1

Las funcionalidades pendientes de implementar serían: la de **Cambiar contraseña**, la de **Cambiar datos de usuario** y la de **No recuerdo la contraseña**.

Ambas utilizan los mecanismos ya explicados en las funcionalidades anteriores, por lo que se dejan como ejercicios para los lectores.

El código fuente de todo lo explicado hasta este punto se puede encontrar en el archivo comprimido zip: pawp_ejercicio_1. El cual puede descargarse en:

https://drive.google.com/file/d/0B0tUAZnW9rrua2stdmRsTUYzRk E/edit?usp=sharing

A partir de este código, el lector debe lograr cubrir las tres funcionalidades pendientes:

- **Cambiar contraseña** tendrá un formulario con tres campos:
  - o Contraseña actual.
  - o Nueva contraseña.
  - o Repetir contraseña.
  - o Si se cambia la contraseña, debe hacerse que el **menú izquierdo** se actualice.
  - o A esta Vista solo pueden acceder los usuarios registrados, de cualquier tipo.
- **Cambiar datos de usuario** presenta un formulario donde el usuario encuentra sus datos actuales, ya presentados, y puede modificar:
  - o El nombre del usuario.
  - o El email. Si se cambia el email, hay que enviar un mensaje para pedir la confirmación del mismo siguiendo el mismo procedimiento que cuando se creó un usuario. El usuario pasa a tener su email sin confirmar.
    - ▪ Es importante comprobar el email usando la función PHP: **filter_var**.
    - ▪ Si cambia el email del usuario, el **menú izquierdo** debe cambiar para adaptarse a la nueva situación. Ya que el email pasa a estar **sin confirmar**.
  - o El tipo de usuario no puede cambiarse, pues ha sido asignado por el administrador. Es una operación que solo puede hacer el administrador.
  - o El permiso de acceso de esta vista es exclusivo para usuarios registrados, de cualquier tipo, que hayan cambiado la contraseña.
- **No recuerdo la contraseña** debe construir un formulario en el que se pide el usuario. A continuación, se busca el usuario y se le actualiza con una nueva contraseña que se genera en entonces; se marca a ese usuario para que deba cambiar su contraseña; y se envía

un email con la nueva contraseña a la dirección que tiene registrada en la base de datos.

Las pruebas de los ejercicios - 1

Las pruebas de las funcionalidades que implementar son importantísimas, ya que sin ellas no podemos tener ninguna garantía de su correcto funcionamiento.

En el caso de **Cambiar contraseña**, con un usuario nuevo, cambiamos su clave. Y comprobamos que el menú izquierdo cambia. Luego salimos y entramos, comprobando que el mensaje de entrada es diferente y que el menú izquierdo es completo. Luego volvemos a cambiar la contraseña. Salimos y entramos, probando el cambio de contraseña.

Si se desea, también se puede validar el email, para que ese usuario.

Después pasamos a **Cambiar datos de usuario**. Primero le cambiamos el nombre. Salimos. Y volvemos a entrar con el nuevo nombre.

La siguiente prueba es la de cambiar ahora el email. Comprobar que se recibe el email de verificación. Y realizar la validación del mismo.

No recuerdo la contraseña debe enviar un email distinto que el de registro o del de cambio de email. En ese email se indicará la nueva contraseña, que debe generarse mediante un algoritmo sencillo. El que se propone es el siguiente:

- Utilizar la función PHP **mt_rand**, que genera números aleatorios.
- Se limitan los números a las letras minúsculas: entre el código ASCII 97 y el 122.
- Se crea una clave de seis letras. Para ello se convierte el número aleatorio a letra empleando la función PHP: **chr**.

Esa clave se le envía al usuario, así como un enlace para que pueda ir directamente a la página de Acceso de usuario.

Las soluciones de estos ejercicios se presentarán más adelante en el libro. Y encontrar el archivo donde están, solo se logrará tras resolver unas preguntas.

Aumentando la funcionalidad

Una vez que tenemos las operaciones más comunes a un sistema donde el acceso está restringido a los usuarios, los cuales son creados por un usuario administrador; podemos completar la gestión de los usuarios. Dándole, al administrador, la capacidad de borrar usuarios o de cambiar el tipo de usuario que tengan.

Para ello vamos a describir la nueva funcionalidad con un diagrama UML de Casos de uso. En ella se incluye los que el administrador puede hacer con los datos de las tres tablas que se describieron en el Modelo de Datos. Puede ver esos Casos de uso en la Ilustración 11.

La gestión de las tablas de la base de datos

Una de las operativas más tediosas y repetitivas de una aplicación informática consiste en la gestión de las tablas de datos. En algunas aplicaciones dicha gestión queda oculta a los usuarios normales y el "administrador" debe tener conocimientos especiales para la gestión de las tablas de datos. En esos casos, se pueden utilizar herramientas como **phpmyadmin** y evitar tener que programar esas operaciones. Trabajo qeue realizaríamos solo con la intención de hacerlas más sencillas y que no sea necesario que el usuario conozca las relaciones y estructura detallada del modelo de datos.

En este caso vamos a programar la gestión de las tablas para que el administrador pueda operar de una manera simplificada. Las operaciones normales sobre una tabla de datos son:

- **Listado** completo. Mediante la instrucción SQL: **select**.
- **Búsqueda** por algún campo. Mediante la instrucción SQL: **select**.
- **Creación** de un elemento de la tabla. Mediante la instrucción SQL: **insert** o **replace**.
- **Modificación** de los datos de una fila, es decir, de un elemento de la tabla. Mediante la instrucción SQL: **update**.
- **Borrado** de una fila. Mediante la instrucción SQL: **delete**.
- Recordar, una vez más, que si esta gestión se realizara desde una aplicación dedicada a la gestión de bases de datos, como es el caso de **phpmyadmin**, se pueden aumentar las operaciones posibles. Pero se requiere utilizar sentencias SQL algo más complejas, lo que implica tener conocimientos al respecto.

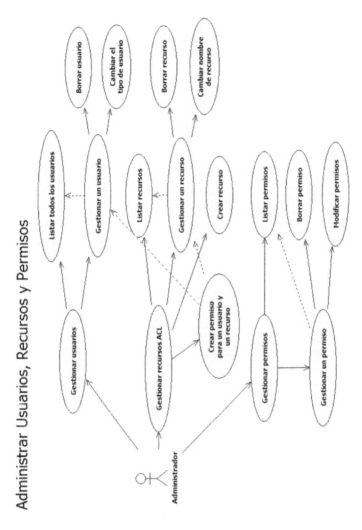

Ilustración 11: Administrar Usuarios, Recursos y Permisos.

Las operaciones de gestión de usuarios se pueden describir mediante un diagrama UML de actividades, tal y como se muestra en la Ilustración 12.

En la operativa de usuarios no se incluye la creación de un usuario, pues ya está implementada en la opción Crear usuario. Tampoco se incluye la opción de: Modificar los Datos de Usuario, pues esa gestión la realizan los propios usuarios, a través de: Cambiar Datos de Usuario y de: Cambiar Contraseña.

La paginación de un listado

Un listado completo de la tabla de una base de datos puede presentar cientos de registros (o filas). Por ese motivo, se presentan en grupos consecutivos, denominados **páginas**. El tamaño de una página es variable, pero, en general, suele contener siempre el mismo número de filas. Por este motivo se utiliza una constante en el archivo *pawp_mysql_mod.php* donde se indica el número de filas de cada páginas. La constante será:

```
define ('PAWP_MYSQL_TAM_PAGINA', "31");
```

El **cambio de página** debe tener en cuenta la fila en la que **termina** la página actual, en el caso del avance de página. Y la fila en la que **comienza** la página actual, en el caso de la página anterior. Esos datos deben almacenarse en la propia vista de la paginación. Bien como un parámetro oculto (**hidden**) de un formulario, en la etiqueta **<input>**; o bien mediante URLs conteniendo como parámetro esa información.

La paginación es independiente de los datos que se paginan, por lo que se puede implementar mediante un Controlador que incorpore Vistas en su código. De esta manera, la paginación será común para esas Vistas. Las cuales deberán cumplir con ciertas características para poder interactuar con el Controlador de paginación.

El listado de los usuarios

El primer cambio que debemos realizar en la aplicación, es modificar el **menú izquierdo** para que tenga la opción de Gestionar usuarios. Para ello modificaremos el archivo *margen_izquierdo_vis.php*.

Hay que tener en cuenta que el permiso para acceder a esa opción es el de "administrador". La opción y la URL de la funcionalidad es la siguiente:

```
<li class="lista_linea"><a href =
 "index.php?id=gestionar/usuarios/usuarios_listar">Gestionar
 usuarios</a></li>
```

En la URL indicamos, en el parámetro "**id**" que la operativa se encuentra en la carpeta "*gestionar*", y en ella está la carpeta "*usuarios*", donde se encuentran los archivos de "*usuarios_listar*".

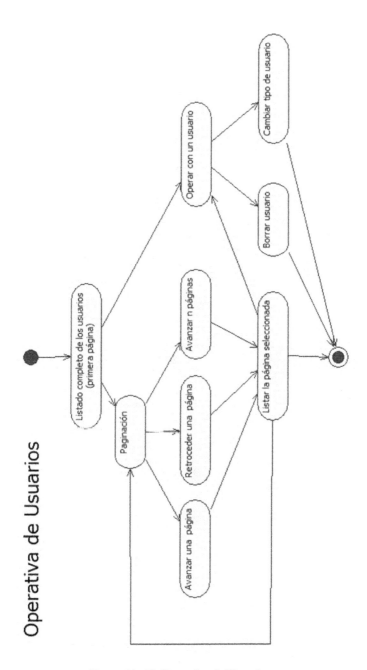

Ilustración 12: Operativa de Usuarios.

Tener las funcionalidades separadas, nos permite realizar una mejor mantenimiento de las mismas y una mejor reutilización de código. La mayor independencia de una funcionalidad sería la que no precisa más que de los archivos principales de *constantes_mod.php* y de *pawp_mysql_mod.php*. De esa manera con duplicar esos archivos se lograría transportar la funcionalidad a otra aplicación. Sin embargo, en este caso también dependeremos de *acceder/acceso_con.php* ya que en él se encuentran las funciones que controlan los permisos de acceso. Y de *mensaje_no_acceso.php* para emitir el mensaje de acceso no permitido.

El siguiente archivo que vamos a crear será *"usuarios_listar_vis.php"* que estará en la carpeta *"usuarios"*. Este usuario debe estar protegido, tanto por ser una Vista, como porque tiene permiso exclusivo para el usuario "administrador". El código es el siguiente:

```php
if (basename(__FILE__) == basename ($_SERVER
  ["SCRIPT_FILENAME"])) {
    die; // No se puede llamar directamente
}
$ruta = __DIR__;
$ruta_base = $ruta . DIRECTORY_SEPARATOR . ".." .
  DIRECTORY_SEPARATOR . ".." . DIRECTORY_SEPARATOR;
include_once $ruta_base . "acceder" . DIRECTORY_SEPARATOR .
  "acceso_con.php";
if (! acceso_tipo_usuario ("administrador")) {
    include $ruta_base . "acceder" . DIRECTORY_SEPARATOR .
      "mensaje_no_acceso.php";
    die;
}
include_once $ruta . DIRECTORY_SEPARATOR .
  "usuarios_listar_con.php";
```

Luego creamos el archivo *"paginar_con.php"*, el cual, al ser genérico, va a estar en la carpeta *"gestionar"*. Este archivo será llamado desde *"usuarios_listar_vis.php"*. El paso de los datos lo realizaremos mediante un array con el nombre de la operativa; es decir: paginar_array. Esa variable puede que ya exista, pues debe pertenecer al archivo *"paginar_vis.php"*; por lo que debemos comprobar que ya haya sido creada y, si no lo está, crearla. El código sería:

```php
if (! isset ($paginar_array)) {
    $paginar_array = array ();
}
```

Este array va a contener datos que necesitan *paginar_vis.php* y *paginar_con.php*. Y, también, por sencillez, contendrá los datos que *usuarios_listar_con.php* necesita.

El siguiente bloque es el de la llamada al Controlador desde *usuarios_listar_vis.php*:

```php
$ret = true;
$vista = "";
$usuarios_listar_error = "";
$ret = usuarios_listar_controlador ($paginar_array,
  $usuarios_listar_error);
if ($vista == "") {
    <Código de la Vista HTML y PHP>
} else {
    include_once $vista;
}
```

El código de la Vista incluye llamadas del Controlador antes de realizar una llamada a la Vista común que hace la paginación de los datos. El código es:

```php
$ret = usuarios_listar_datos_inicio ($paginar_array,
  $usuarios_listar_error);
include_once $ruta . DIRECTORY_SEPARATOR . ".." .
  DIRECTORY_SEPARATOR . "paginar_vis.php";
$ret = usuarios_listar_datos_fin ($paginar_array,
  $usuarios_listar_error);
if ($usuarios_listar_error != "") {
?>
    <div class="error"><?php echo $usuarios_listar_error;
    ?></div>
<?php
}
?>
```

Las funciones especiales de la paginación son:

- usuarios_listar_datos_inicio. Prepara la base datos para realizar la lectura de la tabla que se consulta para hacer el listado. Su código estará en *usuarios_listar_con.php*:

```php
function usuarios_listar_datos_inicio (&
$usuarios_listar_array, & $error)
{
    $ret = true;
    $error = "";
    $error_acceso = "";
    $error_array = array ();
```

```php
$enlace = "";
$usuarios_listar_array ["conexion_datos"] = false;
if ($ret) {
    $enlace = mysql_connect (PAWP_MYSQL_HOST,
    PAWP_MYSQL_USER, PAWP_MYSQL_CLAVE);
    if (! $enlace) {
        $ret = false;
        $error_array ["es"] = "No se ha podido conectar
        con la base de datos. " . mysql_error() . " ";
        $error = $error_array [$_SESSION ["idioma"]];
    } else {
        $usuarios_listar_array ["enlace"] = $enlace;
        $usuarios_listar_array ["conexion_datos"] = true;
    }
}
if ($ret) {
    $db_seleccionada = mysql_select_db (PAWP_MYSQL_DB,
    $enlace);
    if (! $db_seleccionada) {
        $ret = false;
        $error_array ["es"] = "No se ha podido
        seleccionar la base de datos. " . mysql_error()
        . " ";
        $error = $error_array [$_SESSION ["idioma"]];
    }
    if ($ret) {
        $ret = mysql_set_charset ("latin1");
    }
    if ($ret) {
        $ret = usuarios_listar_seleccionar
        ($usuarios_listar_array, $error);
    }
}
return $ret;
}
```

Esta función realiza la llamada a usuarios_listar_seleccionar que es la que realiza la consulta a la base de datos.

Respecto a las función de apertura de bases de datos, que vimos en capítulos anteriores, tenemos que ésta utiliza la variable: $usuarios_listar_array ["conexion_datos"] para informar si la base de datos consiguió conectar, o no. Esta variable se utiliza en la siguiente función:

- usuarios_listar_datos_fin. Finaliza las operaciones con la base datos. Su código está en *usuarios_listar_con.php*:

```
function usuarios_listar_datos_fin (& $usuarios_listar_array,
& $error)
{
    $ret = true;
    if ($usuarios_listar_array ["conexion_datos"]) {
        $usuarios_listar_array ["conexion_datos"] = false;
        $enlace = $usuarios_listar_array ["enlace"];
        mysql_close ($enlace);
    }
    return $ret;
}
```

- La función de consulta de datos realiza la consulta SQL. Como elemento a destacar, utiliza la instrucción SQL **"order by"** que nos permite presentar los datos ordenados. Luego, recupera el conjunto de resultados, que guarda en la variable $usuarios_listar_array ["resultado"]. El código es el siguiente:

```
function usuarios_listar_seleccionar (&
  $usuarios_listar_array, & $error)
{
    $ret = true;
    $comando = "select id_usuario, cambiar_clave, email,
    email_confirmado, tipo_usuario, fecha_creacion,
    fecha_acceso, accesos_num from usuarios order by
    id_usuario";
    $resultado = mysql_query ($comando);
    if ($resultado === false) {
        $ret = false;
        $error_array ["es"] = "Error al realizar la consulta:
        " . mysql_error() . " ";
        $error = $error_array [$_SESSION ["idioma"]];
    } else {
        $usuarios_listar_array ["resultado"] = $resultado;
    }
    return $ret;
}
```

- La función del controlador de *usuarios_listar_con.php* es la siguiente:

```
function usuarios_listar_controlador (&
  $usuarios_listar_array, & $error)
{
    $ret = true;
    $_SESSION ["titulo"]["usuario_editar"] = "Pawp: Listar
    usuarios. ";
    $usuarios_listar_array ["funcion_leer_linea"] =
    "usuarios_listar_leer_linea";
```

```
$usuarios_listar_array ["cabecera"] ["id_usaurio"] =
"Id. usuario";
$usuarios_listar_array ["cabecera"] ["email"] = "Email";
$usuarios_listar_array ["cabecera"] ["email_confirmado"]
= "Email confirmado";
$usuarios_listar_array ["cabecera"] ["cambiar_clave"] =
"Cambiar clave";
$usuarios_listar_array ["cabecera"] ["tipo_usuario"] =
"Tipo de usuario";
$usuarios_listar_array ["cabecera"] ["fecha_creacion"] =
"Fecha creación";
$usuarios_listar_array ["cabecera"] ["fecha_acceso"] =
"Fecha último acceso";
$usuarios_listar_array ["cabecera"] ["accesos_num"] =
"Num. accesos";
$usuarios_listar_array ["cabecera"] ["operacion"] =
"Operación";
return $ret;
}
```

Una vez que se ha realizado la solicitud de los datos del listado, pasamos el control a la Vista *paginar_vis.php* que es genérica para cualquier paginación. Esta Vista precisa de ciertos datos, que los recibe del array: paginar_array. El código de la vista tiene una sección de protección de la vista:

```
if (basename(__FILE__) == basename($_SERVER
 ["SCRIPT_FILENAME"])) {
    die; // No se puede llamar directamente
}
```

Luego, la sección de inclusiones:

```
$ruta = __DIR__;
$ruta_base = $ruta . DIRECTORY_SEPARATOR . ".." .
DIRECTORY_SEPARATOR;
include_once $ruta_base . "constantes_mod.php";
include_once $ruta . DIRECTORY_SEPARATOR .
"paginar_con.php";
```

Después la sección de declaración de variables de datos:

```
$paginar_error = "";
$ret = "";
$paginar_array ["pagina_anterior"] = -1;
$paginar_array ["pagina_siguiente"] = 0;
$paginar_array ["ir"] = 0;
if (isset ($_REQUEST ["paginar_ir"])) {
    $paginar_array ["ir"] = $_REQUEST ["paginar_ir"];
```

}

La siguiente sección es la del Controlador. En este caso, no se incluye el control de cambio de Vista, pues esa operación la realizará la Vista que llama a ésta, es decir: *usuarios_listar_con.php*.

A continuación se presenta la sección de código HTML y PHP. La primera parte para la presentación de la cabecera de los datos del listado. Para ello, hace uso del array: $paginar_array ["*cabecera*"], que previamente fue completado por la función de *usuarios_listar_con.php*: usuarios_listar_controlador. Esta parte hace uso de la instrucción PHP **foreach** para recorrer un array completo sin conocer su composición. Por tanto, la cabecera se escribe completa, sea cual sea el número de elementos que contenga.

```php
<div class = "paginar_contenido">
    <table class="paginar_lis_vis_tabla">
    <tr>
        <?php
        foreach ($paginar_array ["cabecera"] as
        $paginar_cabecera) {
        ?>
            <td class="paginar_lis_vis_cabecera"><?php echo
            $paginar_cabecera; ?></td>
        <?php
        }
        ?>
    </tr>
```

El listado se presenta como una tabla de HTML, para lo que hacemos uso de **<table>**, **<tr>** para cada fila de tabla y **<td>** para cada dato de tabla. Luego se pasa a escribir el contenido de los datos que listar, realizando el control necesario para implementar la paginación.

```php
    <?php
    if ($ret) {
        $ret = paginar_listar ($paginar_array, "<tr>",
        "</tr>", "<td class=\"paginar_lis_vis_celda\">",
        "</td>", $paginar_error);
    }
    ?>
    </table>
</div>
```

La función paginar_listar recibe como cadenas de texto los elementos HTML que utilizar para las filas y las columnas. Así, esta función se más genérica y permite cambiar las clases CSS de esas etiquetas.

Después, le sigue la sección de controles de la paginación: Un formulario para leer el número de la página al que ir, o si se desea ir a la página anterior (si la hay) o la siguiente (si la hay). El código es:

```php
<div class = "paginar_pie">
    <form class="paginar_formulario" target="_self"
    method="POST" action="<?php echo PROTOCOLO.$_SERVER
    ['PHP_SELF']; ?>" name="paginar_ir_pagina">
        <div class="paginar_tabla">
            <div class="paginar_fila">
                <div class="paginar_celda">
                    <label><div
                    class="paginar_etiqueta">Buscar
                    página:</div><input name="paginar_ir"
                    class="paginar_ir"type="number" size="3"
                    value="<?php echo $paginar_array ["ir"];
                    ?>"></label>
                    <input name="paginar_enviar"
                    type="submit" class="boton" value="Ir">
                </div>
                <div class="paginar_celda">
                <?php
                if ($paginar_array ["pagina_anterior"] >= 0)
                {
                ?>
                    <a href="<?php echo PROTOCOLO .
                    $_SERVER["PHP_SELF"] .
                    '?paginar_pagina_anterior=' .
                    $paginar_array ["pagina_anterior"];
                    ?>">&lt;&lt; Anterior</a>
                <?php
                }
                ?>
                </div>
                <div class="paginar_celda">
                <?php
                if ($paginar_array ["pagina_siguiente"] > 0)
                {
                ?>
                    <a href="<?php echo PROTOCOLO .
                    $_SERVER["PHP_SELF"] .
                    '?paginar_pagina_siguiente=' .
                    $paginar_array ["pagina_siguiente"];
                    ?>">Siguiente &gt;&gt;</a>
                <?php
```

```
            }
            ?>
            </div>
        </div>
    </div>
  </form>
</div>
```

El código anterior no realiza llamadas a funciones, sino que emplea las variables de datos de $paginar_array para establecer los datos de la **página a la que ir**, la **página anterior** y la **página siguiente**.

La función paginar_listar tiene algunas peculiaridades que permiten realizar la paginación sin alterar su código entre los diferentes listados posibles. Su código es el siguiente:

```
$ret = paginar_iniciar ($paginar_array, $error);
if ($ret) {
    while (true) {
        $paginar_array ["ir"] = (int) ($paginar_array ["i"] /
        PAWP_MYSQL_TAM_PAGINA);
        $paginar_array ["i"] ++;
        $paginar_array ["pagina_anterior"] = $paginar_array
        ["ir"] - 1;
        // Puntero a una función:
        $ret = $paginar_array ["funcion_leer_linea"]
        ($paginar_array, $error);
        if (! $ret) {
            // No hay más datos.
            if ($paginar_array ["operacion"] == "ir") {
                // Caso especial: No se alcanza la página.
                $paginar_array ["ir"] ++;
                $paginar_array ["pagina_anterior"] ++;
            }
            break;
        }
        if ($paginar_array ["i"] >= $paginar_array ["fin"]) {
            // Datos de la página completados.
            $paginar_array ["pagina_siguiente"] =
            $paginar_array ["ir"] + 1;
            break;
        }
        if ($paginar_array ["i"] >= $paginar_array ["inicio"]
        && $paginar_array ["i"] < $paginar_array ["fin"]) {
            // Escribir línea
            echo $tr;
            foreach ($paginar_array ["linea"] as
            $paginar_campo) {
```

```
                echo $td . $paginar_campo . $fin_td;
            }
            echo $fin_tr;
        }
    }
}
return $ret;
```

Dentro llama a la función paginar_iniciar, cuyo código es:

```
function paginar_iniciar (& $paginar_array, & $error)
{
    $ret = true;
    $error = "";
    $error_array = array ();
    $paginar_array ["linea"] = array ();
    $paginar_array ["pagina_anterior"] = - 1;
    $paginar_array ["pagina_siguiente"] = 0;
    $paginar_array ["ir"] = 0;
    $paginar_array ["i"] = -1;
    if (isset ($_REQUEST ["paginar_pagina_anterior"])) {
        $paginar_array ["inicio"] = $_REQUEST
        ["paginar_pagina_anterior"] * PAWP_MYSQL_TAM_PAGINA;
    } else if (isset ($_REQUEST
    ["paginar_pagina_siguiente"])) {
        $paginar_array ["inicio"] = $_REQUEST
        ["paginar_pagina_siguiente"] * PAWP_MYSQL_TAM_PAGINA;
    } else if (isset ($paginar_array ["operacion"]) &&
    $paginar_array ["operacion"] == "ir") {
        $paginar_array ["inicio"] = $_REQUEST ["paginar_ir"]
        * PAWP_MYSQL_TAM_PAGINA;
        if ($_REQUEST ["paginar_ir"] == 0) {
            // Caso inicial.
            $paginar_array ["operacion"] = "";
        }
    } else {
        $paginar_array ["inicio"] = 0;
    }
    if ($ret) {
        $paginar_array ["fin"] = $paginar_array ["inicio"] +
        PAWP_MYSQL_TAM_PAGINA;
    }
    return $ret;
}
```

Esta función establece el "**inicio**" y el "**fin**" de los datos que se deben escribir. Los demás se leen, pero se saltan. También establece los valores de los datos que presentar en la Vista de control de las operaciones de paginación.

Después se llama a la **función de lectura de cada línea del listado**. Dicha función la realiza el Controlador de la operativa que realiza la paginación. En este caso: *usuarios_listar_con.php*. Para que paginar_listar sepa a qué función llamar, se usa una variable global que contiene el nombre de la función que debe llamar. Este dato se configura en usuarios_listar_controlador:

```
function usuarios_listar_controlador (&
 $usuarios_listar_array, & $error)
{
    $ret = true;
    $usuarios_listar_array ["funcion_leer_linea"] =
    "usuarios_listar_leer_linea";
    ...
```

La función usuarios_listar_leer_linea lee el conjunto de resultados de la consulta de base de datos, y recupera la línea correspondiente mediante la función PHP: **mysql_fetch_assoc**. Para ello, recupera el conjunto resultante en la variable $usuarios_listar_array ["*resultado*"]. Luego les da el formato deseado con **htmlentities, urlencode** y empleando la etiqueta HTML **<a>** para crear hiperenlaces para cada línea del listado. Su código es:

```
function usuarios_listar_leer_linea (&
 $usuarios_listar_array, & $error)
{
    $ret = true;
    $error_array = array ();
    if (isset ($usuarios_listar_array ["resultado"])) {
        $resultado = $usuarios_listar_array ["resultado"];
        $usuario_seleccionado = mysql_fetch_assoc
        ($resultado);
        if ($usuario_seleccionado != null) {
            $usuarios_listar_array ["linea"] ["id_usuario"] =
            $usuario_seleccionado ["id_usuario"];
            $usuarios_listar_array ["linea"] ["id_usuario"] =
            htmlentities ($usuarios_listar_array ["linea"]
            ["id_usuario"]);
            <Resto de las asignaciones>
            // URL
            $usuarios_listar_id_usuario_url = urlencode
            ($usuarios_listar_array ["linea"]
            ["id_usuario"]);
            <Resto de las asignaciones para los hiperenlaces>
```

```
            // Creación de los hiperenlaces
            $usuarios_listar_array ["Linea"] ["opciones"] =
            '<a href="' . PROTOCOLO . $_SERVER["PHP_SELF"]
            . '?id=gestionar/usuarios/usuario_editar'
            . '&usuario_editar_id_usuario=' .
            $usuarios_listar_id_usuario_url
            . '&usuario_editar_tipo_usuario=' .
            $usuarios_listar_tipo_usuario_url
            . '">Editar</a> '
            <Resto de los hiperenlaces>
        } else {
            $ret = false;
        }
    } else {
        $ret = false;
        $error_array ["es"] = "No se ha indicado un conjunto
        de resultados válido. ";
        $error = $error_array [$_SESSION ["idioma"]];
    }
    return $ret;
}
```

Esta función puede retornar "**false**" si no hay más datos, lo que da lugar a que finalice la función que la llama: paginar_listar. Si se da esa situación, y estamos en la operación: "**ir**", hay que reajustar la página en curso y la página anterior. Y no puede haber página siguiente.

La operación: "**ir**" se configura en la función: paginar_controlador, la cual llama a la función: paginar_validar, para controlar que la página a la que ir es un número mayor o igual que 0.

Si la línea está entre el **inicio** y el **fin** de la página pedida, entonces se escriben los datos de esa fila. Para ello se utiliza la instrucción PHP **foreach**.

Esta paginación que se ha descrito no es la única posible. Tan solo es un ejemplo de cómo implementarla de una manera en la que el código sea muy reutilizable. Sin embargo, exige del conocimiento y uso de ciertas variables:

```
$paginar_array ["Linea"], $paginar_array ["pagina_anterior"],
$paginar_array ["pagina_siguiente"], $paginar_array ["ir"],
$paginar_array ["i"], $paginar_array ["inicio"],
$paginar_array ["fin"], $paginar_array ["operacion"],
$paginar_array ["funcion_leer_linea"].
```

De ellas, la variable que contiene en nombre de una función que hace referencia a la función de *usuarios_listar_con.php*, es: $paginar_array ["*funcion_leer_linea*"].

Las variables de paso de datos entre las funciones de *usuarios_listar_con.php*, son:

$usuarios_listar_array ["*conexion_datos*"],
$usuarios_listar_array ["*enlace*"],
$usuarios_listar_array ["*resultado*"].

Las cuales se almacenan finalmente en: $paginar_array, que se empleada para todo.

Respecto al botón para "ir" a una página en concreto, el formulario es recogido en *paginar_vis.php*, que se lo pasa al controlador: paginar_controlador, que valida el dato en: paginar_validar. Si todo es correcto, la paginación atiende al dato recibido.

La paginación, también atiende al parámetro pasado en la URL de "**anterior**" o de "**siguiente**", en: paginar_anterior y anterior_siguiente, respectivamente.

Si no hay parámetros, ni por el formulario ni por la URL, se supone que se pide la página 0 y que es la primera visita a la paginación.

La paginación, con un tamaño de 3 filas por página, de usuarios tendría el aspecto que se muestra en la Ilustración 13, teniendo en cuenta el uso de estilos en la hoja de estilo *pawp.css*.

Las pruebas de la paginación

Las pruebas deben ser exhaustivas, ya que estamos desarrollando una funcionalidad genérica. Por ese motivo creamos muchos usuarios empleando la aplicación Web: **phpmyadmin**. Modificamos la constante PAWP_MYSQL_TAM_PAGINA a 3 en *pawp_mysql_mod.php* (un tamaño normal es de 25, o de 50). Y probamos a recorrer el listado usando "**Siguiente >>**" y "**<< Anterior**". Luego probamos a ir a la página 0 y a una página inexistente, la 100, por ejemplo. También introducimos otras páginas existentes.

Si todo es correcto, podemos pasar a implementar la paginación de las otras tablas que el administrador necesita: "**acls**" y "**permisos**".

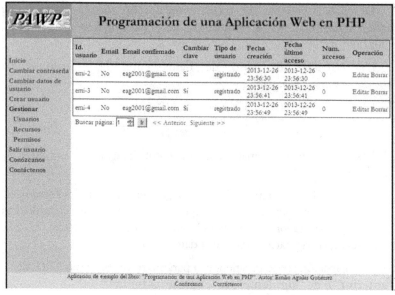

Ilustración 13: Página 1 del listado de usuarios

Ejercicios - 2

Las soluciones a los ejercicios anteriores se encuentran en la misma dirección que la del enunciado, pero detrás de "/d/" hay que quitar los números y letras que hay, y poner:

0B0tUAZnW9rru_k_5e_x_c__4_28/edit?usp=sharing.

Y completar los guiones bajos con las letras mayúsculas, de la primera letra que resulta de resolver, en orden, las siguientes cuestiones:

- La bebida no alcohólica más tradicional de Inglaterra.
- El punto cardinal donde se encuentra la estrella polar.
- La letra "graciosa". Ésta es una letra que tiene dos sonidos. Uno al comienzo de palabra cuando le sigue una "e" o una "i". Y otro cuando le siguen el resto de las letras; pero si es la "u" y luego otra vocal, entonces la "u" no se pronuncia.
- La letra más "rara". Ésta letra tiene dos sonidos oficiales, pero pueden darle tres sonidos. Normalmente, dependiendo de donde aprendió a hablar quien la pronuncia. Puede sonar como una kappa, como una dseda, o como una sigma.
- La letra que no habla.

- El nombre del autor de este libro.
- El número romano que representa el valor de diez.

Los ejercicios que se proponen en este apartado consisten en la implementación de la paginación de las tablas "acls" y "permisos". Para ello se deben tener en cuenta los siguientes aspectos:

- Los listados solo son accesibles para el usuario "administrador".
- Los archivos de la tabla "acls" se deben guardar en "gestionar/acls".
- Los archivos de la tabla "permisos" se deben guardar en "gestionar/permisos".
- La tabla "acls" tiene los hiperenlaces siguientes:
  - o Editar: Permite cambiar el nombre de un recurso.
  - o Borrar: Elimina ese recurso y todos los registros de la tabla "permisos" donde ese recurso estaba referenciado.
- La tabla "permisos" tiene los hiperenlaces siguientes:
  - o Editar: Permite cambiar los permisos de la relación usuario-acl.
  - o Borrar: Elimina ese registro (fila).
- Nota: Las operativas de "acls" y de "permisos" no se implementan. Solo se pone un hiperenlace a ellas, aunque todavía no estén terminadas. Más adelante se continuarán con ellas.
- Debe modificarse en menú izquierdo para incluir un submenú dentro de la opción "Gestionar", visible solo para usuarios "administrador" que contendrá:
  - o Usuarios.
  - o Recursos.
  - o Permisos.
- Dicho submenú se construye con las etiquetas HTML **<ul class="sublista">** y **<li class="lista_linea">**. Y se crea el nuevo estilo de *pawp.css*: sublista.

Pueden encontrar los archivos necesarios para realizar los ejercicios en:
https://drive.google.com/file/d/0B0tUAZnW9rruXzM3eGV5VHVHc3M/edit?usp=sharing

La solución se presentará más adelante. Tras completar los siguientes procesos que desarrollar.

Más funcionalides

Modificar usuario

Esta funcionalidad es muy semejante a la crear usuario, pero en lugar de **insert**, se usa **update**. Y en el formulario tan solo aparece una lista desplegable con los posibles tipos de usuario a los que cambiarle. Dicha operativa solo puede ser realizada por un usuario "administrador".

Tenemos que utilizar un formulario con un campo **<input>** oculto (**type="hidden"**), donde guardamos el identificador del usuario que recibimos cuando hacemos clic en el hiperenlace "**Editar**" del listado de usuarios. También recibimos el dato del "**Tipo de usuario**" que tiene, y lo empleamos para darle un valor inicial a la etiqueta **<select>**, poniendo en la etiqueta **<option>** el atributo **selected = "selected"**.

La sentencia SQL que utilizar es:

```
$comando = "update usuarios set tipo_usuario = '"
. mysql_real_escape_string($tipo)."' "
."where id_usuario = '"
. mysql_real_escape_string($id_usuario)."'";
```

El comportamiento de esta operativa es especial porque cuando se lleva a cabo con éxito, nos cambia de Vista y nos devuelve al listado de usuarios. Para ello tenemos que hacer uso del mecanismo de cambio de Vista y, además, realizar el paso del mensaje de error.

El cambio de vista lo indicamos mediante la variable del array pasado como parámetro al Controlador: $usuario_editar_array ["cambiar_vista"] = true; en *usuario_editar_con.php*.

Además, tenemos que modificar el código dela Vista: *usuario_editar_vis.php* para que indique en la variable $vista el archivo que incluir, y para pasar el "**id**", de la nueva vista, en la variable $_SESSION ["id"] (deben realizarse las dos operaciones para que funcione correctamente). También realizamos una modificación para que pase el mensaje de una vista a otra; en la variable global $_SESSION ["error"]. El nuevo código se sitúa después de la llamada al Controlador:

```
if (isset ($usuario_editar_array ["cambiar_vista"]) &&
  $usuario_editar_array ["cambiar_vista"] == true) {
    $vista = $ruta . DIRECTORY_SEPARATOR .
"usuarios_listar_vis.php";
```

```
$_SESSION ["id"] = "gestionar/usuarios/usuarios_listar";
$_SESSION ["error"] = $usuario_editar_error;
} else {
    <preparar las variables de datos para el código HTML y
    PHP de la vista>
}
if ($vista == "") {
```

Luego incluiremos nuevo código en: *usuarios_listar_vis.php* para que una el mensaje de error de $_SESSION ["error"] al mensaje que recibe de su propio controlador. Para ello incluimos el código siguiente en la sección de declaración de variables de datos:

```
$usuarios_listar_sesion_error = "";
if (isset ($_SESSION ["error"]) && $_SESSION ["error"] != "")
{
    $usuarios_listar_sesion_error = $_SESSION ["error"];
    $_SESSION ["error"] = "";
}
```

Finalmente, cambiamos el código de escritura de errores para que salgan los de las dos variables de error. El código sería:

```
if ($usuarios_listar_error != "" ||
  $usuarios_listar_sesion_error != "") {
?>
    <div class="error"><?php echo $usuarios_listar_error .
    $usuarios_listar_sesion_error; ?></div>
<?php
}
```

Borrar usuario

Esta funcionalidad no requiere más que una pregunta adicional, para asegurarnos de que realmente se desea eliminar, permanentemente, ese usuario.

Se podría programar con Javascript una caja que realizara la pregunta y presentara el formulario en la propia página que presenta el listado de los usuarios. Pero, como ejemplo, es más sencillo utilizar la programación habitual y crear las dos páginas: "Vista" y "Controlador".

En este caso, una vez borrado con éxito el registro, cambiamos la Vista y presentamos el listado de usuarios. Y enviamos un mensaje de confirmación, mediante la variable global $_SESSION ["error"]. Para ello, realizamos los mismos procedimientos que en el caso de "Editar usuario".

Para la recepción de datos, crearemos un campo oculto en el formulario de *usuario_borrar_vis.php*, y, luego, usaremos el comando SQL **delete**, que eliminará ese registro.

El formulario tendrá un texto preguntando: ¿Desea borrar definitivamente el usuario <usuario>?. Y un botón con el texto "Sí".

Borrar un usuario implica borrar todos los permisos que ese usuario tuviera, por lo que hay que realizar dos operaciones de borrado. Primero borramos los **permisos** del usuario para todos los recursos, y luego borramos el **usuario**. Eso permite que no se pierda la **integridad referencial**.

Nota: La integridad referencial es una propiedad deseable en las bases de datos, que garantiza que una fila o registro, de una entidad siempre se relaciona con otras filas o registros de entidades válidas. Es decir, que existen en la base de datos. Por ese motivo, no permite que se borren elementos que son destinatarios de referencias, y obliga a que se eliminen primero los referenciadores y, luego, los referenciados (o identificadores).

Las sentencias SQL que utilizar son:

```
$comando = "delete from permisos where ref_usuario = '"
. mysql_real_escape_string ($id_usuario)."'";
$comando = "delete from usuarios where id_usuario = '"
. mysql_real_escape_string ($id_usuario)."'";
```

Dado que existe la posibilidad de que un usuario no tenga permisos para ningún registro, entonces, el comando **delete** nos devolvería en la función PHP: **mysql_affected_rows** un cero, lo que sería correcto. Por ese motivo evitamos esa llamada en el caso de "permisos". Pero la mantenemos en el caso de "usuarios".

Ejercicios – 3

Una vez que tenemos una idea de cómo implementar las operaciones de **Editar** y **Borrar**. Se propone que el lector realice las operaciones que se incluyen en los listados de "**Recursos ACL**" y de "**Permisos**". Además deberá modificar la funcionalidad de "**Cambiar datos de usuario**" que se explicó anteriormente. Para ello debe tener en cuenta los siguientes aspectos:

- Las operaciones que implementar solo están permitidas para usuarios "administrador".

- Editar recurso ACL, solo permite cambiar de nombre el campo "id_acl".
  - o Cambiar el nombre del campo implica actualizar todos los registros de "permisos" en los que aparecía el antiguo nombre, y poner el nuevo nombre; con el comando SQL: **update**.
- Editar permisos, presenta un formulario donde se presenta un formulario con casillas de selección (**checkbox**). Una por cada permiso. Se utiliza la etiqueta **<input>**. Y hay que tener en cuenta que para que se marque la casilla, debe aparecer el atributo **"checked="checked"** en la etiqueta.
- Las operaciones de borrado deben pedir la conformidad presentando los datos de la clave primaria. En el caso de "acls" es "id_acl"; y en el caso de "permisos" está compuesta de "ref_usuario" y "ref_acl".
- Borrar un registro de "**recursos de ACL**" implica borrar todos los registros de "**permisos**" donde aparezca es recurso en el campo "ref_recurso". Es semejante a la operativa de borrar usuario.
- Cambiar el nombre del usuario en "Cambiar datos de usuario" implica, además, actualizar todos los registros de "**permisos**" para actualizar el nombre de "ref_usuario" con el nuevo nombre.

Respecto a las soluciones de los ejercicios: dos, pueden encontrarlas en el archivo donde están los programas necesarios para realizar los ejercicios: tres.

Respecto a las **pruebas** que realizar para comprobar que las operaciones se realizan correctamente; es necesario crear recursos en la tabla "**acls**", y relacionar recursos y usuarios, en la tabla "**permisos**". Por lo que hay que crear usuarios para ello. Todo ello no se puede hacer aún desde la aplicación, pero se puede hacer empleando la aplicación Web de gestión de bases de datos: **phpmyadmin**.

Se debe comprobar que **borrar un recurso** borra todos los permisos de ese recurso para todos los usuarios. Sin embargo, **borrar un permiso** solo elimina el registro del permiso, y no afecta a ninguna otra tabla.

Pueden crear un **recurso** por cada carpeta creada en la aplicación Web: "acceder", "gestionar", "gestionar/usuarios", "gestionar/acls" y "gestionar/permisos". Y crear dos **usuarios** nuevos: "accededor" y "gestionador". Luego, se dan **permisos** a "accededor" sobre:

"acceder", y a "gestionador" sobre: "gestionar", "gestionar/usuarios", "gestionar/acls" y "gestionar/permisos".

La prueba consistiría en cambiar los nombres de los recursos, cambiar sus permisos, borrar un registro de permisos y borrar un registro de recursos ACL. También, cambiaremos de nombre un usuario y comprobaremos que todos los permisos que tenía se actualizan.

Pueden descargarse el código necesario para realizar los ejercicios: tres, en:

https://drive.google.com/file/d/0B0tUAZnW9rrueGdZeWRmcTZjb VE/edit?usp=sharing

Creación de un recurso, y del permiso de recursos y usuarios

Esta funcionalidad implica modificar la Vista de Gestionar Recursos, en el archivo: *gestionar/acls/acls_listar_vis.php*. Y hay que incorporar dos opciones nuevas:

- **"Crear nuevo recurso"**, que aparecerá en el menú izquierdo.
- **"Permisos"**, que estará dentro del listado de recursos, en la parte de: **Opciones**, de cada línea de la lista paginada.

Para el primer caso, modificamos la Vista: *margen_izquierdo_vis.php*, e incorporamos un hiperenlace al archivo: *gestionar/acls/acl_crear_vis.php*. Dicho archivo contendrá un formulario igual al de: Modificar recurso. Pero su Controlador realizará la operación en la base de datos: **insert**, en lugar de **update**.

En el segundo caso, cada fila del listado presentará un hiperenlace con el **id**: *gestionar/usuarios/usuarios_listar*, y se pasarán otros dos parámetros en la URL: "usuarios_listar_id_acl", para identificar el registro del recurso en el que se hizo clic en el vínculo; y "usuarios_listar_es_permiso".

El archivo *usuarios_listar_vis.php* cambia su comportamiento de la siguiente manera:

- Modifica las operaciones que presenta. Y pone la operación: **"Permisos"** que será un hiperenlace al id: *gestionar/permisos/permiso_crear_vis.php*; que es muy parecido a *permiso_editar_vis.php*, salvo que, en lugar de utilizar el comando SQL: **update**, utiliza **replace**.
- El hiperenlace incluirá otros dos parámetros adicionales: "permiso_crear_ref_usuario" y "permiso_crear_ref_acl".

De esta manera, tenemos la operativa para la creación de un permiso de usuario y recurso, como se muestra en el diagrama de actividades de la Ilustración 14.

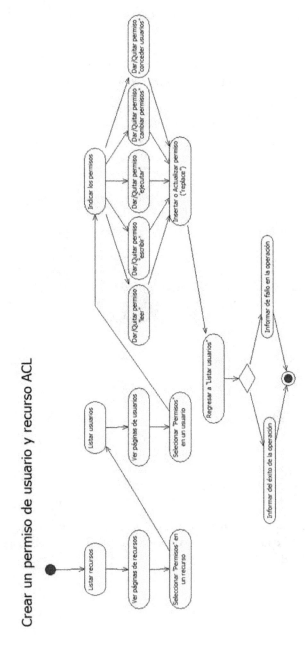

Ilustración 14: Crear permiso de usuario y recurso ACL

Las modificaciones a realizar afectan:

- En *acls_listar_leer_linea_con.php*: en la función
`acls_listar_leer_linea`, hay que poner un hiperenlace adicional:
  - `'<a href="'` . `PROTOCOLO` . `$_SERVER["PHP_SELF"]`
  - `'?id=gestionar/usuarios/usuarios_listar'`
  - `'&usuarios_listar_id_acl='` . `$acls_listar_id_acl_url`
  - `'&usuarios_listar_es_permiso=true'`
  - `'">Permisos</a>';`

  NOTA: No se deben dejar espacios en blanco en una URL.

- En: *usuarios_listar_vis.php*, hay que realizar el tratamiento de los nuevos parámetros:

```
$paginar_array ["id_acl"] = "";
if (isset ($_REQUEST ["usuarios_listar_id_acl"])) {
    $paginar_array ["id_acl"] = $_REQUEST
    ["usuarios_listar_id_acl"];
    $_SESSION ["usuarios_listar"] ["id_acl"] =
    $paginar_array ["id_acl"];
} else if (isset ($_SESSION ["usuarios_listar"]
["id_acl"])) {
    $paginar_array ["id_acl"] = $_SESSION
    ["usuarios_listar"] ["id_acl"];
}
if (isset ($_REQUEST ["usuarios_listar_es_permiso"])) {
    if ($_REQUEST ["usuarios_listar_es_permiso"] ==
    "true") {
        $paginar_array ["es_permiso"] = true;
        $_SESSION ["usuarios_listar"] ["es_permiso"] =
        $paginar_array ["es_permiso"];
    } else {
        unset ($_SESSION ["usuarios_listar"]
        ["es_permiso"]);
        unset ($_SESSION ["usuarios_listar"] ["id_acl"]);
    }
    $paginar_array ["es_permiso"] = true;
    $_SESSION ["usuarios_listar"] ["es_permiso"] =
    $paginar_array ["es_permiso"];
} else if (isset ($_SESSION ["usuarios_listar"]
["es_permiso"])) {
    $paginar_array ["es_permiso"] = $_SESSION
    ["usuarios_listar"] ["es_permiso"];
}
```

Es importante mencionar que hay que pasar ciertos datos entre los cambios que se producen en la misma página, por la paginación.

Cuando se **avanza, retrocede,** o se va a un **número de página** determinado.

Para ello, se crea una variable global: `$_SESSION ["usuarios_listar"] ["id_acl"]`, que es de la funcionalidad "usuarios_listar" y que guarda el "**id_acl**" que hemos seleccionado en la funcionalidad "acls_listar". También creamos la variable global: `$_SESSION ["usuarios_listar"] ["es_permiso"]`.

Siguiendo el principio de diseño según el que: "**El uso de los mismos datos, en URLs o en formularios, para la creación de variables globales deben usarse para destruirlas**"; modificamos la URL de la funcionalidad: "Gestionar/Usuarios" en el menú izquierdo (*margen_izquierdo_vis.php*) para que incluya el dato `usuarios_listar_es_permiso` de modo que me indique que puedo destruir las dos variables globales si es `false` y construirlas si es `true`.

Además, para indicarle al usuario que se encuentra en el proceso de asignación de permisos de un recurso ACL, incluimos un mensaje con instrucciones:

```php
if ($paginar_array ["es_permiso"] ) {
?>
    <h3>Seleccione el usuario, para establecer sus permisos
sobre el recurso: <?php echo $paginar_array ["id_acl"];
?></h3>
<?php
}
```

- En *usuarios_listar_con.php*: hay que modificar la función: `usuarios_listar_leer_linea`, para incluir las opciones según indique la variable: `$usuarios_listar_array ["es_permiso"]`. El código sería:

```php
if ($usuarios_listar_array ["es_permiso"]) {
    $usuarios_listar_ref_usuario_url = urlencode
    ($usuarios_listar_array ["linea"] ["id_usuario"]);
    $usuarios_listar_ref_acl_url = urlencode
    ($usuarios_listar_array ["id_acl"]);
    $usuarios_listar_array ["linea"] ["opciones"] = '<a
    href="'
    . PROTOCOLO . $_SERVER["PHP_SELF"]
    . '?id=gestionar/permisos/permiso_crear'
    . '&permiso_crear_ref_usuario='
    . $usuarios_listar_ref_usuario_url
    . '&permiso_crear_ref_acl='
    . $usuarios_listar_ref_acl_url
```

```
    . '">Permisos</a>';
  } else {
    <Opciones Editar y Borrar>
  }
```

Además, hay que crear una nueva operación: permisos_crear.

El archivo *permisos_crear_vis.php* es muy semejante a *permisos_editar_vis.php*.

El archivo *permisos_crear_con.php* es muy semejante a *permisos_editar_con.php*. Sin embargo, la instrucción SQL sobre la base de datos es **replace**; que es semejante a **insert**, pero en el caso de que exista el registro, realiza un **delete** y repite el **insert**. El código de la instrucción SQL es:

```
$comando = "replace into permisos "
. "(ref_acl, ref_usuario, leer, escribir, ejecutar,
  cambiar_permisos, conceder_usuarios) values ('"
. mysql_real_escape_string($ref_acl) . "', '"
. mysql_real_escape_string($ref_usuario) . "', "
. $leer . ", "
. $escribir . ", "
. $ejecutar . ", "
. $cambiar_permisos . ", "
. $conceder_usuarios . ")";
```

En esta instrucción no preguntamos por `mysql_affected_rows`, ya que la instrucción se cumple siempre.

Si la instrucción es correcta, cambiamos de vista a *acls_listar_vis.php*, pues en esa página estábamos cuando comenzamos la operación. Utilizamos $_SESSION ["error"] para pasar el texto del mensaje de confirmación de la creación del permiso. Utilizamos la variable $permiso_crear_array ["cambiar_vista"] desde la función: permisos_crear_controlador, para indicar que la vista *permisos_crear_vis.php* debe cambiarse. Y $_SESSION ["id"] para que contenga la funcionalidad de la vista a la que cambiar. El código es:

```
if (isset ($permiso_crear_array ["cambiar_vista"]) &&
  $permiso_crear_array ["cambiar_vista"] == true) {
    $_SESSION ["error"] = $permiso_crear_error;
    $vista = URL_RUTA_BASE .
    "gestionar/acls/acls_listar_vis.php";
    $_SESSION ["id"] = "gestionar/acls/acls_listar";
} else {
    ...
}
```

```
if ($vista) {
    <Código HTL y PHP de la Vista>
} else {
    include_once $vista;
}
```

Es importante indicar que deben configurarse las dos variables: $vista y $_SESSION ["id"].

La solución a los ejercicios: tres, y la implementación del código comentado hasta este punto se puede encontrar en:

https://drive.google.com/file/d/

Añadiéndole, tras completarlo, el siguiente código:

0*0tUA*n*9rruM2Np*kZNNVRzNUk/edit?usp=sharing

Es preciso sustituir los caracteres "*" por una letra mayúscula correspondiente a la letra de la respuesta, en orden, de las siguientes preguntas:

- Una letra que representa un sonido que tiene otra. Aunque, en algunos idiomas, el sonido de la misma es algo distinto. La letra que no es la buscada, tiene el valor de cinco.

- Una letra que solo tiene un sonido, pero que se utiliza como si tuviera dos. Para unos es igual que la tercera vocal, a veces; pues la ésta tiene dos sonidos, o tres. Para otros es igual que una sigma, siempre, pero no lo es.

- Doble cinco. En algunos idiomas se pronuncia como una "u" larga, y en otros como una "v" larga.

- Una letra que tiene dos sonidos, que puede ser doble para uno de ellos, y que debe ir entre vocales para el segundo. Pero, si está al principio o al final de una palabra, siempre lleva el primer sonido. En muchos idiomas, esta letra solo tiene un sonido, pero de idioma a idioma puede cambiar su pronunciación, de más suave a más gutural.

Antes de finalizar este capítulo, es imprescindible **remarcar lo importante que es hacer pruebas exhaustivas**. Se deberían probar las creaciones de recursos, el borrado y su modificación. Lo mismo para los permisos y los usuarios. Una vez hecho esto, pasaríamos a probar la asignación de permisos a usuarios y registros. Borrar un usuario y comprobar cómo se borran sus permisos. Borrar un recurso y comprobar cómo se borrar sus permisos. Modificar permisos y crear permisos que ya existen, para comprobar cómo se comporta la instrucción SQL: **replace**.

Últimos cambios

Una vez que tenemos la aplicación con la funcionalidad de: **Controlar el acceso**, con la funcionalidad de: **Gestionar las tablas de la base de datos**, y con la capacidad de: **Crear recursos y Crear la asociación con permisos entre usuarios y recursos**; pasamos a construir una función de control de accesos que haga uso de los permisos ACL. Para ello, creamos una nueva función en *acceso_con.php*: acceso_comprobar_permiso que necesita conocer el nombre del recurso para el que comprobar el acceso.

Esta operación requiere de buscar el la base de datos, en la tabla **"permisos"** para comprobar si el usuario activo y el recurso, tienen permisos establecidos.

La sentencia SQL es la siguiente:

```
$comando = "select leer, escribir, ejecutar,
 cambiar_permisos, conceder_usuarios, ref_acl "
. "from permisos "
. "where ref_usuario = '"
. mysql_real_escape_string ($usuario)
. "' and ref_acl = '"
. mysql_real_escape_string ($recurso_acl)
. "'";
```

Utilizaremos la función SQL: mysql_fetch_assoc para recuperar una fila (o registro) con los resultados, tras cada llamada; o null si no hay más resultados.

Solo miramos la primera fila y actualizamos las variables globales que utilizar:

```
$_SESSION ["acceso"] ["leer"] = $permiso_seleccionado
 ["leer"];
$_SESSION ["acceso"] ["escribir"] = $permiso_seleccionado
 ["escribir"];
$_SESSION ["acceso"] ["ejecutar"] = $permiso_seleccionado
 ["ejecutar"];
$_SESSION ["acceso"] ["cambiar_permisos"] =
 $permiso_seleccionado ["cambiar_permisos"];
$_SESSION ["acceso"] ["conceder_usuarios"] =
 $permiso_seleccionado ["conceder_usuarios"];
```

```
$_SESSION ["acceso"] ["ref_acl"] = $permiso_seleccionado
 ["ref_acl"];
```

En el caso de que no existiera ningún registro de permiso para un usuario y recurso concertó; podemos mantener los permisos que ya existían, siempre y cuando **el recurso anterior para el que se dieron los permisos esté incluido en el nuevo recurso, al principio de la cadena.** Es decir que, si teníamos concedido el permiso para "gestionar", también lo tenemos para "gestionar/acls", "gestionar/permisos" y "gestionar/usuarios". Esto se conoce como: **"herencia de permisos"**.

Si el usuario no tiene permiso de "leer", devolveremos "falso". Las otras operaciones deberemos comprobarlas cuando sean requeridas, para lo cual tenemos las variables globales ya mencionadas, que nos informan del usuario activo, el recurso para el que hay permisos concedidos, y los permisos que tiene.

Cambiar el control de accesos

Una vez que hemos terminada la función de control de acceso por ACL: `acceso_comprobar_permiso`, debemos hacer uso de ella para algún recurso. En este caso, para todas las subcarpetas de "gestionar". Para ello, en todas las vistas de esa carpeta, cambiamos el antiguo control de permisos por:

```
$ruta = __DIR__;
$ruta_base = $ruta . DIRECTORY_SEPARATOR . ".." .
DIRECTORY_SEPARATOR . ".." . DIRECTORY_SEPARATOR;
include_once  $ruta_base . "acceder" . DIRECTORY_SEPARATOR .
"acceso_con.php";
if (! acceso_comprobar_permiso ("gestionar/acls")) {
    include_once $ruta_base . "acceder" . DIRECTORY_SEPARATOR
. "mensaje_no_acceso.php";
    die;
}
```

Para que la aplicación pueda funcionar correctamente, debemos introducir en la base de datos el usuario inicial, de tipo "administrador", y los permisos ACL para las todas funcionalidades dentro de "gestionar". Si no lo hiciéramos así, ya no podría manipular los datos de la base de datos desde la aplicación.

Tenemos, finalmente, tres métodos de control de acceso:

- Si el usuario está **registrado o no.**

- El **tipo de usuario** es el que se requiere.
- El usuario registrado, para cada recurso, tiene concedido el **permiso "leer"**. O el recurso para el que se pide el permiso, incluye, al principio, al recurso para el que se concedió permiso, anteriormente; lo que significa que hay **herencia de permisos** para las subcarpetas.

Final del libro

La operativa presentada en este libro es muy habitual en las aplicaciones Web. Aumentarla y mejorarla es una tarea que puede realizarse con los conocimientos empleados hasta ahora, y que será necesaria, en muchos casos.

El código entregado y las explicaciones dadas deberían permitir a los lectores a crear nuevas aplicaciones Web con otras funcionalidades que hagan uso de bases de datos o que empleen funciones de PHP no explicadas en este libro, pero sí documentadas en la ayuda de PHP o en páginas de PHP en Internet.

El código final de la aplicación PAWP no se entrega para evitar que la pereza del lector haya sido tal, que no realizara los ejercicios propuestos. De esta manera, si tiene la tentación de descargarse la solución final, la que resuelve toda la aplicación Web, se lleva la desagradable sorpresa de que no se entrega. Ésta es una estrategia didáctica que seguramente no gustará a todos. Pero, para aprender algo, es necesaria la experimentación de los conocimientos recibidos. Si no se hace, la mente los olvidará.

Propuesta adicional

La lista de permisos ACL puede aumentarse con un concepto no implementado. Sería un **cuarto método de control de acceso**, y se realizaría mediante la capacidad de los usuarios de agruparse.

Por tanto, creamos una relación especial entre los usuarios, y creamos la tabla "**grupos**". Un usuario puede pertenecer a "n" grupos, y a un grupo pertenecen "n" usuarios. Cada grupo tiene un **usuario propietario**, que es de un tipo nuevo: "**jefe de grupo**".

Borrar un usuario de este tipo, implica borrar todo su grupo. Cambiar el nombre de un usuario de este tipo implica modificar la tabla de "**permisos**" y la tabla "**grupos**".

Borrar cualquier usuario implica borrar todos los registros en lo que aparece en la tabla "**grupos**" (y en la tabla "**permisos**", si apareciera, pues puede que sus permisos los obtenga, únicamente, por medio de su "jefe de grupo"). Modificar cualquier usuario implica modificar todos los registros en lo que aparece en la tabla "**grupos**" y en la tabla "**permisos**".

Para comprobar los permisos de un usuario:

- Primero lo hacemos por el mecanismo ya existente.
- Si no se encuentra, buscamos al usuario en la tabla "**grupos**" y obtenemos al "**jefe de grupo**". El cual utilizaremos para comprobar si tiene acceso al recurso, en sustitución al usuario anterior.
  - Sin embargo, el usuario registrado no cambia. Solo se usa el "jefe de grupo" para esta comprobación.

El modelo de datos cambia como se muestra en la Ilustración 15.

Continuación de la propuesta adicional

Cuando una organización tiene muchísimos usuarios, la gestión por grupos de permisos es mucho más cómoda que la gestión individual. Pero se puede ver limitada si cada grupo solo tiene permisos para los usuarios que pertenecen al mismo. Aunque un usuario pueda pertenecer a más de un grupo.

Una mejora al modelo anterior sería permitir que los grupos puedan contener a otros grupos. Esto favorecería la gestión. Así, el departamento de "ventas" podría contener a los departamentos de "grandes cuentas" y de "resto de clientes". Habría recursos con permisos distintos para los subdepartamentos. Y recursos comunes que se gestionarían desde "ventas" con más facilidad.

Para modificar el modelo de datos, creamos una nueva tabla "grupos_en_grupos" que contiene las relaciones de pertenencia de los "jefes de grupo". De modo que un "jefe de grupo" tiene un grupo. Y un "jefe de grupo" está en el grupo de otro "jefe de grupo". Pero no como perteneciente a su "grupo", sino indicando que todo su grupo pertenece al grupo del "jefe de grupo" dentro de la nueva relación "grupos_en_grupos". Por tanto, los usuarios de un grupo pasan a pertenecer a otro grupo adicional, solo por el hecho de pertenecer al grupo de ese "jefe de grupo".

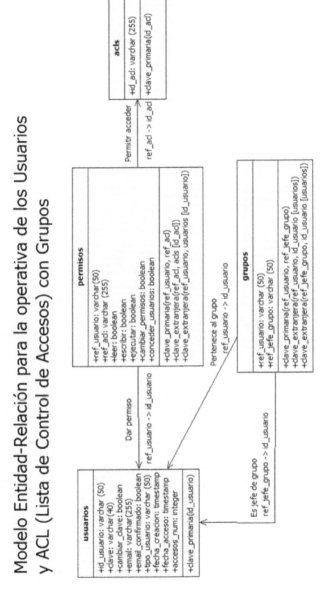

Ilustración 15: Modelo entidad-relación para la operativa de Usuarios y ACL (Lista de Control de Acceso) con Grupos

Si sucediera que cada "jefes de grupo" que tiene un "usuario" no tuviera un registro de permisos ACL para un recurso; entonces, obtendríamos todos los "jefes de grupo" dentro de los que están los "grupo" a los que pertenece ese "usuario". Y se buscarían todos los permisos que existieran para esos recursos. Luego se mirarían los permisos, y el que menos permisos tuviera, sería el que le diera los permisos a ese "usuario". Esta forma de trabajo es restrictiva, po lo que se da prioridad a la "seguridad", antes que a la "confianza".

Esta modificación implica que cuando se borre un "jefe de grupo" se eliminen todos los registros de "grupos_en_grupos" donde aparezca.

El nuevo modelo de datos sería que aparece en Ilustración 16.

El proceso de consulta a la base de datos sería, siguiendo los pasos de los permisos ACL:

- Primero buscar permisos para el <usuario> y el <recurso> directamente.

```
select leer, escribir, ejecutar, cambiar_permisos,
 conceder_usuarios from permisos where ref_usuario =
'<usuario>' and ref_acl = '<acl>'
```

- Luego buscar los "jefe de grupo" de ese usuario i consultar sus permisos para el <usuario> y el <recurso ACL> directamente.
    - o Se puede relizar una "unión de tablas" en la misma consulta **select**:

NOTA: Las "uniones de tablas" se pueden indicar mediante la igualdad de la clave primaria y la clave extranjera: id_... = ref_... ó ref_... = ref_...

```
select leer, escribir, ejecutar, cambiar_permisos,
 conceder_usuarios from permisos, grupos where
permisos.ref_acl = '<acl>' and grupos.ref_usuario =
'<usuario>' and permisos.ref_usuario = grupos.ref_jefe_grupo
```

- Si no se encuentra ningún permiso para ese <recurso ACL> y cada "jefe de grupo" de ese "usuario". Pasamos al siguiente mecanismo. Buscar en todos los grupos que poseen a esos "jefes de grupo".

```
select leer, escribir, ejecutar, cambiar_permisos,
 conceder_usuarios from permisos, grupos, grupos_en_grupos
 where permisos.ref_acl = '<acl>'
 and grupos.ref_usuario = '<usuario>'
 and permisos.ref_usuario =
  grupos_en_grupos.ref_grupo_en_grupo
```

```
and grupos.ref_jefe_grupo =
grupos_en_grupos.ref_grupo_en_grupo
```

Cuando se producen coincidencias en los nombres de los atributos de distintas tablas, se puede poner el como prefijo el nombre de la tabla, o utilizar "alias".

- Si todo falla. Se puede realizar la búsqueda por los "jefes de grupo" que están dentro de otros grupos que los contienen. Y así, sucesivamente, hasta que no encontraramos ningún "jefe de grupo", más, que contuviera a algún "jefe de grupo". El cual fuera, directa o indirectamente, jefe del "jefe de grupo" del "usuario" para el que queremos obtener el permiso para el recurso ACL.

  o Primero intentamos directamente obtener los permisos:

```
select leer, escribir, ejecutar, cambiar_permisos,
conceder_usuarios from permisos, grupos_en_grupos where
permisos.ref_acl = '<acl>'
and grupos_en_grupos.ref_jefe_grupo = '<jefe_grupo>'
and permisos.ref_usuario = grupos_en_grupos. ref_jefe_grupo
```

  o En caso de no encontrar el permiso buscado, tenemos que buscar permisos para los "jefes de grupo" que son "jefes" de los "jefes de grupo" del nivel jerárquico inferior. Por lo que consultamos por el siguiente nivel jerárquico con la instrucción SQL:

```
select ref_jefe_grupo from grupos_en_grupos where
ref_grupo_en_grupo = '<jefe_grupo>'
```

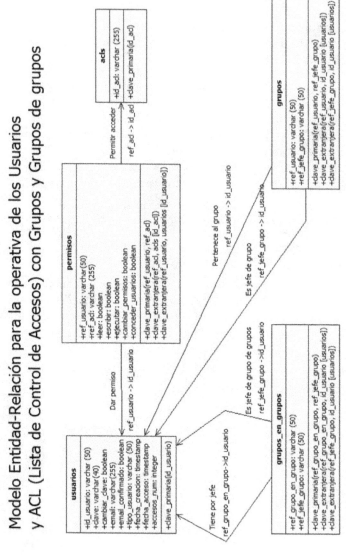

Modelo Entidad-Relación para la operativa de los Usuarios y ACL (Lista de Control de Accesos) con Grupos y Grupos de grupos

Ilustración 16: Modelo Entidad-Relaciónpara la operativa de los Usuarios

Anexo I: Palabras clave de PHP

En este anexo se presentan las palabras clave de PHP, y se comentan algunos consejos de programación al respecto.

Comentarios

Se hacen con **//** hasta fin de línea, o con **/*** hasta que se encuentra el primer ***/**.

Mezcla de código PHP y otro código

La etiqueta de inicio: **<?php** permite escribir código PHP hasta que se encuentra con la primera etiqueta de fin: **?>**. Fuera de ellas, no es código PHP y, normalmente se emplea código HTML pero podría ser otro código. Podría emplearse la etiqueta de inicio: **<?** pero no se recomienda en absoluto.

Constantes

Los **enteros** son números sin decimal, positivos o negativos. El valor máximo que pueden tener lo indica la constante del sistema: PHP_INT_MAX. Existen enteros de longitud arbitraria que se manejan con funciones GMP. El formato de un entero es:

[+-]?[0-9]+, donde los corchetes agrupan los caracteres posibles (se elije uno), el signo ? Indica que es opcional y el + indica su prensencia como mínimo 1 vez, y posibilidad de repetirse.

Los **flotantes** tienen el formato:

[+-]?(([0-9]*[\.][0-9]+)|([0-9]+[\.][0-9]*))[eE][+-]?{[0-9]+})

<Signo><Número>.<Número><Exponente><Signo><Número> Donde todo es opcional, menos: el primer entero, o el punto y los decimales. Los flotantes tienen una precisión de unos 14 decimales y un valor máximo de 1.8e308 (aunque depende de la plataforma).

Los **booleanos** solo son true y false. El primero tiene el valor entero 1 y el segundo el valor entero 0.

Las **variables nulas**: una variable puede ser nula si se le asigna el valor **null** o **NULL**.

Las **cadenas de caracteres** son texto delimitado por la comillas simples ('). Y para poner una comilla simple en la cadena se usa la secuencia de escape: \'

También las cadenas de caracteres se pueden delimitar con comillas dobles ("). En ese caso los caracteres de escape son más:

- \n avance de línea (LF o 0x0A (10) en ASCII).
- \r retorno de carro (CR o 0x0D (13) en ASCII).
- \t tabulador horizontal (HT o 0x09 (9) en ASCII).
- \v tabulador vertical (VT o 0x0B (11) en ASCII).
- \e escape (ESC o 0x1B (27) en ASCII).
- \f avance de página (FF o 0x0C (12) en ASCII).
- \\ barra invertida.
- \$ signo del dólar.
- \" comillas dobles.
- \[0-7]{1,3} la secuencia de caracteres que coincida con la expresión regular es un carácter en notación octal.
- \x[0-9A-Fa-f]{1,2} la secuencia de caracteres que coincida con la expresión regular es un carácter en notación hexadecimal.

Existen otros formatos de cadenas de caracteres, pero no se recomiendan y no se explican, por ello, en este libro.

Instrucciones de control

PHP permite dos estilos de programación: Sintaxis semejante a la de C y sintaxis propia de PHP. Y no se pueden mezclar en el mismo bloque de control. En la segunda, el inicio de bloque es dos puntos (:); y el fin de bloque es "end" junto con la instrucción de inicio de bloque, y punto y coma (;), quedando así: **endif;, endwhile;, endfor;, endforeach; y endswitch;**. En la sintaxis tipo C el comienzo de bloque es con apertura de llave ({) y el fin con cierre de llave (}).

La sintaxis semejante a C es la más utilizada, y es común a muchos lenguajes de programación; por lo que es la que se recomienda.

Las instrucciones de control pueden no ir seguidas de inicio de bloque, pero se recomienda que sí lo hagan.

Se recomienda que dentro de un bloque, se aderechen las líneas con cuatro espacios en blanco; y que el final de un bloque se aizquierde con cuatro espacios y se con un salto de línea tras él.

Bifurcaciones

Hay varios tipos de bifurcaciones:

- La <bifurcación if> es:

```
if (<expresión con resultado booleano>){
    <código>
}
```

- La <bifurcación if-else> es:

```
if (<expresión con resultado booleano>){
    <código>
} else {
    <código>
}
```

El bloque de **else** se ejecuta en caso de que la <expresión con resultado booleano> sea falsa.

```
if (<expresión con resultado booleano>){
    <código>
} else <bifurcación if o if-else>
```

- No se recomienda el uso de **elseif**, sino, en su lugar, **else if** (separado). Pero el formato sería:

```
if (<expresión con resultado booleano>){
    <código>
} elseif {
    <código>
}
if (<expresión con resultado booleano>){
    <código>
} elseif {
    <código>
} else {
    <código>
}
```

Pueden ponerse varios: `} elseif {` unos a continuación de otros.

- La instrucción de bifurcación por casos:

```
switch (<elección>) {
case <opción>: <código>
        break; // Ruptura de switch y de bucle.
case <opción>: <código>
        break; // Ruptura de switch y de bucle.
        ...
```

```
default: <código>
}
```

En el **switch** break es opcional, si falta se continúa por el case siguiente. Sin embargo, no se recomiendan los **case** sin **break**.

No se recomienda utilizar el **switch** porque da lugar a fallos humanos frecuentemente.

- La instrucción **goto** no se recomienda usar, y no se explica.

Los bucles

Hay cuatro tipos de bucles. Pero se pueden resumir a dos, que son los que se recomiendan utilizar:

```
while (true) {
    if (<condición de salida del bloque>) {
        break; // Salida de un blucle (for, while, foreach)
    }
    <código>
}
foreach (<array u objeto> as <variable para el valor> =>
<variable para el nombre del índice>) {
    <código>
}
```

Permite recorrer arrays PHP (indexados con una cadena de texto). La parte: => <variable para le nombre del índice> es opcional. El array se recorre en el orden en el que se crearon sus elementos. El bucle termina cuando se acaba el array, o cuando encuentra un **break**.

Los siguientes bucles no se recomiendan:

```
for (<asignación>; <expresión con resultado booleano>;
  <código>) {
    <código>
}
do {
    <código>
} while (<expresión con resultado booleano>);
While (<expresión con resultado booleano>) {
    <código>
}
```

En general, poner las expresiones de salida dentro del bucle, generan dificultades. Pues confunden éstas, y las que se ponen dentro del código y que bifurcan con **break**. Es mejor utilizar solo bifurcaciones a **break** y no emplear las otras.

continue, dentro de un bucle, hace que la ejecución del mismo salte todas las instrucciones del bucle que le siguen, y vuelve al principio del mismo. No se recomienda su uso, pues hace más difícil de entender el código.

Variables y Constantes con nombre

Las variables se declaran dándoles un nombre y asignándoles un valor, que les da el tipo de dato que contiene. Pueden cambiar de tipo de dato si el valor que contienen cambia. Pero se recomienda no hacerlo. Siempre comienzan por **$**.

Las variables pueden contener el nombre de una función. Entonces se emplean como funciones si se ponen detrás de ellas los parámetros de la llamada. Eso da lugar a que la función que representan, sea llamada.

Para crear una variable de tipo array se les asigna la función **array ()**, que admite parámetros opcionales. También se crean automáticamente en la primera asignación de cada uno de sus elementos.

Los elementos de un array se identifican con corchetes y una cadena de caracteres dentro de ellos (su índice). Un array puede contener más arrays, por lo que los corchetes se van añadiendo de manera consecutiva. Una asignación a un elemento de un array de dos niveles podría ser:

```
<variable array> [<índice nivel 1>] [<índice nivel 2>] =
   <valor>;
```

Las constantes con nombre se crean con:

```
define (<nombre de constante>, <valor>);
```

No llevan el **$** delante y se recomienda que se escriban enteras a mayúsculas o, si están escritas con minúsculas, que comiencen por "k_".

Los nombres de variables y constantes no pueden comenzar por un número ni contener caracteres que den lugar a confusión: (. , ; " '). Se recomienda utilizar solo el alfabeto simple (sin acentos, ñ ni ç) Usar solo minúsculas para las variables y solo mayúsculas para las constantes; que terminen en singular; y usar palabras completas con significado, separadas por un guion bajo (_).

Funciones

Las funciones se declaran con:

```
function <nombre_funcion> (<parámetro de entrada>, <...>, &
 <parámetro de modificación>, <...>, & <parámetro de salida>,
 <...>, & $error) {
    $ret = true;
    $error = "";
    <código>
    return $ret;
}
```

Los parámetro de modificación y de salida tienen un **&** delante.

Se recomienda que las funciones siempre devuelvan `true` si terminan bien o con acierto, y `false` si terminan sin acierto o con algún error.

Todas las variables de una función son locales (no conservan valores fuera del cuerpo de la función) salvo que se indique que son globales mediante la instrucción global:

```
global <variable global>;
```

Se recomienda poner un **global** por cada variable. También es posible referirse a las variables globales como elementos del array `$GLOBALS`.

Los operadores

Los **operadores matemáticos** son: + - * / % y el – unario. El % es el resto de la división entera (con el signo del dividendo).

Para las **operaciones lógicas** tenemos: ! && and || or xor que se corresponden con las operaciones, respectivamente: negación, "y" lógico, "y" lógico, "o" lógico, "o" lógico, "o" exclusivo. Por semejanza con el lenguaje C se utilizan: ! && ||; pero, si se quiere claridad de código, es mejor emplear: ! and or xor.

Los **operadores de comparación** son:

- $a == $b Igual: **verdad** si $a es igual a $b después de la manipulación de tipos.
- $a === $b Idéntico: **verdad** si $a es igual a $b, y son del mismo tipo.

- $a != $b Diferente: **verdad** si $a no es igual a $b después de la manipulación de tipos.
- $a <> $b Diferente: **verdad** si $a no es igual a $b después de la manipulación de tipos.
- $a !== $b No idéntico: **verdad** si $a no es igual a $b, o si no son del mismo tipo.
- $a < $b Menor que: **verdad** si $a es estrictamente menor que $b.
- $a > $b Mayor que: **verdad** si $a es estrictamente mayor que $b.
- $a <= $b Menor o igual que: **verdad** si $a es menor o igual que $b.
- $a >= $b Mayor o igual que: **verdad** si $a es mayor o igual que $b.

No se recomienda utilizar <>.

El operador de **concatenación de cadenas de caracteres** es el punto (.)

Los operadores de incremente y decremento son **++** y **--**. Pueden ir delante o detrás de una variable. Y la suman o restan uno, entero. Se recomienda ponerla delante y no emplearla nunca en las expresiones compuestas.

Los **operadores de arrays** son:

- $a + $b Unión: Unión de $a y $b.
- $a == $b Igualdad: **verdad** si $a i $b tienen las mismas parejas clave/valor.
- $a === $b Identidad: **verdad** si $a y $b tienen las mismas parejas clave/valor en el mismo orden y de los mismos tipos.
- $a != $b Desigualdad: **verdad** si $a no es igual a $b.
- $a <> $b Desigualdad: **verdad** si $a no es igual a $b.
- $a !== $b No-identidad: **verdad** si $a no es idéntica a $b.

No se recomienda utilizar <>.

Existen **operadores de asignación** como: **+=, -=, *=, /=, %=, .=** Y existen otros más que no se recomiendan utilizar.

Otros operadores menos utilizados, y que no se exponen, son los operadores de bit, de control de errores y de ejecución.

La inclusión de archivos

Se incluyen archivos dentro de un archivo PHP, con las instrucciones: **include, include_once, require** y **require_once**. La diferencia es que **include** continúa ejecutando código aunque falle y **require** se detiene. La teminación _once significa que, si el archivo ya se incluyó, no se vuelve a incluir.

Se recomienda utilizar **include_once** con el formato:

```
include_once <archivo>;
```

Funciones especiales importantes

- **die**: Finaliza la ejecución. Es equivalente a **exit**.
- **empty** (<variable>): Devuelve **false** si la variable existe y, además, tiene un valor no vacío, distinto de cero. De otro modo devuelve **true**. Las siguientes expresiones son consideradas como vacías: "" (una cadena vacía), 0 (0 como un integer), 0.0 (0 como un float), "0" (0 como un string), **NULL, false, array()** (un array vacío), $var; (una variable declarada, pero sin valor asignado)
- **echo** escribe una cadena de caracteres. Es equivalente a **print**.
- **isset** nos informa de la existencia de una variable.
- **unset** hace que una variable se destruya.
- **eval, exit**, **print** o **list** no se recomiendan.

Constantes en tiempo de compilación

Estas constantes se pueden incluir en el código y son convertidas a cadenas de caracteres. Son las siguientes:

__DIR__: Directorio del archivo; __FILE__: Ruta completa del archivo; __FUNCTION__: Nombre de la función; __LINE__: Línea del archivo.

Variables superglobales

Todas ellas son arrays. Pueden ser accedidas en cualquier momento, sin necesidad de utilizar: global. Son:

- $GLOBALS: Hace referencia a todas las variables disponibles en el ámbito global.
- $_SERVER: Información del entorno del servidor y de ejecución.
- $_GET: Las variables pasadas al script actual vía parámetros URL.
- $_POST: Las variables pasadas al script actual a través del método HTTP: POST.
- $_FILES: Las variables de Carga de Archivos HTTP.

- **$_COOKIE:** Las variables pasadas al script actual a través de Cookies HTTP.
- **$_SESSION:** Las variables de sesión disponibles para el script actual.
- **$_REQUEST:** Contiene el contenido de $_GET, $_POST y $_COOKIE.
- **$_ENV:** Las variables pasadas al script actual a través del método del entorno.

Las utilizadas en el libro han sido: $_SERVER ['PHP_SELF']: contiene el nombre de la URL del archivo de script ejecutándose actualmente; $_SERVER ['SCRIPT_FILENAME']: contiene la ruta (path) del script ejecutándose actualmente, en forma absoluta. También se han utilizado: $_REQUEST y $_SESSION.

Las adaptaciones de los tipos de datos

En PHP, los tipos de datos se determinan por las constantes. Pero pueden realizarse conversiones de tipos mediante una adaptación de los mismos (**casting**). Esto se realiza poniendo el tipo que se desea, entre paréntesis, delante de la variable que adaptar. Las adaptaciones son las siguientes, para forzar el tipo de datos: **int** o **integer,** para los enteros; **bool** o **boolean,** para los valores verdaderos o falsos; **float, double** o **real,** para los datos con coma decimal; **string,** para las cadenas de texto; **array,** para las variables indexadas; **object,** que iguala todos los objetos de Programación Orientada a Objetos; y **unset** para forzar el valor **null.**

Programación orientada a objetos

PHP permite la programación funcional y la POO.

Para la implementación de la Programación Orientada a Objetos tiene las siguientes palabras clave: **abstract, callable, catch, class, clone, const, extends, final, implements, instanceof, insteadof, interface, namespace, new, private, protected, public, static, throw, trait, try, use, var** y **yield.** Y las constantes: **__CLASS__, __METHOD__, __NAMESPACE__, __TRAIT__.**

Estas palabras clave no se explican aquí, pues en el libro se ha utilizado la programación funcional.

Anexo II: Programación Orientada a Objetos con PHP

El desarrollo realizado en este libro sigue el tipo de programación conocido como: **Programación funcional o procedural**. También sigue, de alguna manera, la **programación estructurada**. Y la **programación dirigida por eventos**.

La **programación funcional** se centra en las acciones que realizar para resolver un problema. Dichas acciones se implementan como funciones, y la secuencia de acciones da lugar a los comportamientos necesarios para cumplir con las operativas definidas.

La **programación estructurada** evita los saltos de código (empleando la instrucción: **goto**) y busca reducir los puntos de salida de los bloques de código a uno solo. Por ese motivo propone que una función solo tenga un **return**, que un bucle solo tenga un **break**, y que no se utilice la instrucción **continue**. Sin embargo, las rupturas con **break**, dentro de un bucle, pueden ser múltiples conforme a la manera de programar que se propone; por lo que se presenta una cierta relajación con este método de programar.

Respecto a la **programación dirigida por eventos**, tenemos que un programa no es una línea continua de ejecución con bifurcaciones dirigidas por los datos. Así, en multitud de puntos del programa, es el usuario quien determina el comportamiento del programa; sin utilizar datos para ello, sino eventos; que son señales capturadas por un código ajeno a nuestro programa, con el que interactúa. Dicho código lo controla el programa cliente, es decir, el navegador Web.

En lugar de la **programación funcional** se puede emplear la **programación orientada a objetos**, en PHP. Este tipo de programación explora las funcionalidades que implementar desde un enfoque distinto al de la programación funcional. De modo que el problema se descompone; no en acciones; sino en elementos que resuelven los subproblemas en los que dividimos el nuestro. Si seguimos dividiendo los subproblemas, llegamos a una serie de datos y unas operaciones sobre los mismos, que son los que, ejecutados en el orden correcto, nos van a dar la solución que buscamos.

Por tanto, los datos finales y las operaciones sobre ellos, se agrupan en estructuras de datos y operaciones. Los cuales serán manejados por los datos y las operaciones, del subproblema de nivel superior. Y así, sucesivamente, hasta ascender hasta la solución buscada.

La manera de convertir una estructura de datos y operaciones, en algo que se puede manejar dentro de otra estructura de datos o de una de sus operaciones; es mediante la capacidad de **instanciación**, que consiste en crear un objeto, siguiendo las indicaciones de la estructura de datos y operaciones que hemos diseñado. A la que vamos a denominar "**clase**" (**class**) y que puede construirse empleando clases ya existentes mediante dos mecanismos:

- **Herencia o extensión** (**extends**): Los datos y operaciones, públicos o protegidos (o de paquete), de la clase, pasan a formar parte de la nueva clase. En ella, se pueden añadir más datos y operaciones; e incluso, se pueden redefinir algunas de las operaciones heredadas, por un proceso denominado "sustitución" (overdrive). Una clase solo puede extender otra, lo que se denomina: "**herencia simple**".

- **Agregación o composición**: Los datos de la clase contienen "instancias", es decir, elementos construidos conforme a una clase existente. Estos elementos, también denominados "**objetos**", permiten a la clase que los posee, acceder a los datos y las operaciones que contiene, si son públicos. Una clase puede agregar muchos objetos en su estructura.

Se recomienda que los nombres de las clases estén en plural, y los de las instancias en singular, de esta manera la instancia puede llevar el nombre singular de la clase que implementa. La construcción de sus nombres puede seguir el resto de las pautas recomendadas para las variables.

Un programa pasa, de estar compuesto de unas funciones que son llamadas desde su inicio, como ocurre en la programación funcional; a construir una instancia de la clase de nivel superior y llamar a las operaciones que se desea que realice, en el orden adecuado.

Las ventajas de la programación orientada a objetos son, entre otras:

- Estructura los datos en niveles. El nivel más básico de datos es el de una operación, método o función, es decir, los datos locales. En esto coincide con la programación funcional. Luego presenta los datos de la clase, particularizados en el **objeto**. Los cuales son accesibles por todas las operaciones (también llamadas "**métodos**" o "**propiedades**") de esa clase. A dichos datos se les denomina "**atributos**" de clase. El siguiente nivel de jerarquía de los datos globales es el de "**espacio de nombres**", que puede anidarse en diferentes niveles. El nivel más exterior, es el de las **variables globales**. Tal y como existen en la programación funcional. Pero que, ahora, son muchas menos y más fácilmente controlables.

- Encapsula los atributos y los métodos, protegiéndolos por restricciones de acceso. Así:
  - o El alcance público (**public**) permite su acceso desde todo el código que maneja a la instancia de la clase (es decir, al objeto).
  - o El alcance privado (**private**) solo permite manejarlos por los métodos de la propia clase.
  - o El alcance protegido (**protected**) es solo para los métodos de la propia clase y los métodos que están en la clase que hereda de ella. Es decir, los que heredan o extienden dicha clase, denominada "**clase base**" o "**clase padre**".
  - o Otros alcances pueden existir, como el de paquete. Pero no en PHP.

- Implementa una gestión diferente de las referencias a las funciones. Dejamos de utilizar nombres de funciones dentro de variables y utilizamos funciones "sustituible"; que en PHP son todas las funciones públicas o protegidas, a menos que delante lleven la palabra clave: **final**. También se pueden definir los métodos como estáticos (**static**) en cuyo caso no pertenecen a un objeto, sino a la clase; y no pueden ser "sustituidos".

- Los métodos de una clase pueden indicar en sus parámetros: el tipo de datos, la clase a la que pertenecen o que extienden, o la interfaz que implementan. Los tipos básicos son: **int, integer, bool, boolean, float, double, real, string, array, object**.

- Los métodos de una clase pueden tener el mismo nombre, y diferenciarse por sus parámetros. Esta característica se denomina "**sobrecarga de métodos**" o "**poliformismo de métodos**".

- Permite el uso de atributos constantes dentro de las clases. Se usa la palabra clave: **const**, y no llevan "$" delante. Se recomienda emplear mayúsculas para los nombre de las constantes.

- Definición de interfaces (**interface**). Una **interfaz** es una alteración del concepto de clase de manera que no puede implementarse mediante la creación de objetos. Las interfaces se utilizan para indicar a las clases qué funciones públicas deben "implementar" para cumplir con su estructura, y pueden incluir constantes. Cuando una clase implementa una interfaz pueden manejarse como si solo tuvieran los elementos indicados por dicha interfaz. Eso hace que muchas clases distintas puedan tratarse de igual manera (usando solo la parte de interfaz que han implementado). Una clase puede implementar muchas interfaces, lo que se indica mediante la palabra clave: **implements**. Una interfaz puede extender muchas interfaces, lo que se denomina "**herencia múltiple de interfaces**".

- Los **objetos** pueden tener distintos comportamientos, a pesar de tratarse como si fueran de la misma clase. Esto significa que los objetos de clases distintas, **que tienen la misma clase base o padre**, pueden tratarse como si fueran de la clase padre. Reduciendo sus métodos y atributos, públicos, a los heredados de ella. Pero, si en la clase completa hicieron "sustitución" de métodos, esas sustituciones permanecen; por lo que habrán cambiado su operativa, sin modificar su "firma". Para saber si un objeto es una instanciación de una clase en concreto, dentro de una línea de herencias, se usa: **instanceof**.

- Los objetos pueden clonarse, mediante la instrucción: **clone**. Esto hace que físicamente se dupliquen. De otra forma, una asignación de un objeto a otro de la misma clase solo causa que existan dos referenciadores a ese objeto. Así, puede suceder que los objetos se queden sin referenciadores (por lo que deberían ser destruidos por PHP, y no por nosotros).

- El tratamiento de errores permite un camino separado a la secuencia de anidamientos de llamadas a métodos. Se crean las **excepciones** que se lanzan mediante la palabra clave: **throw**, seguida de un objeto que debe instanciar la clase **Exception** (o una heredera de ella). La captura de las excepciones se hace con la palabra clave: **try,** y con: **catch**. Y también con: **set_exception_handler**.

- La **instanciación de objetos** se realiza mediante la palabra clave: **new**, que construye físicamente un objeto y llama a un método especial, denominado **constructor**, antes de terminar de construirlo. Un método constructor debe tener el nombre: **__construct**. Los constructores de la clase padre debe llamarse explícitamente dentro del constructor. Una clase puede tener varios constructores, diferenciándolos por sus parámetros.

- o Dos objetos son iguales (**==**) si sus datos y métodos lo son. Y son idénticos (**===**) si se referencian la misma zona de memoria.
- Cuando un método se destruye, porque deja de estar referenciado; entonces, antes de su destrucción, se produce una llamada a un método denominado "**destructor**". La clase puede crear dicho constructor, si lo necesita, con el formato: **void __destruct (void)**.

En PHP, respecto a la Programación Orientada a Objetos:

- Se accede a los atributos y a los métodos de un objeto con el operador **->**
- Se accede a los atributos y métodos de una clase (sin mencionar el objeto) con el nombre de la clase y el operador **::** (Se usa: **self::**, para referirse al propio objeto como si fuera una clase, y: **parent::** para la clase padre).
- Se puede usar **foreach** para recorrer todos los atributos públicos de un objeto.

En general la Programación Orientada a Objetos precisa de más conocimientos que la programación funcional. Es más compleja de programar pero más sencilla de mantener. Al menos en teoría.

Ejemplo de interfaces y de clase

Podemos emplear un formato semejante al siguiente:

```php
class otras_clases {
    public $i = 0;
    public $j = 0;
}

interface interfaz_1 {
    function f_1 (otras_clases $otra_clase, string & $error);
}

interface interfaz_2 {
    function f_2 (& $error);
}

class mis_clases extends otras_clases implements interfaz_1,
interfaz_2 {
    public $variable = 0;
    protected $texto;
```

```php
const CADENA = "hola";

public function __construct () {
    self::$texto = "uso de un constructor";
    otra_clase::$i = 1;
    parent::$j = 1;
}

public final function ejemplo_de_funcion (& $error) {
    $ret = true;
    $error = "";
    $otra_clase = new otras_clases ();
    $otra_clase_1 = clone otra_clase;
    $otra_clase->i = 10;
    $otra_clase_1->i = 100;
    return $ret;
}

public static function ejemplo_de_funcion () {
    $ret = true;
    return $ret;
}

function f_1 (otras_clases $otra_clase, string & $error)
{
    return true;
}

function f_2 (& $error) {
    return true;
}
}
```